Folke Tegetthoffs Kräuter märchen buch

Bilder von Brigitte Smith

Ueberreuter

CIP-Titelaufnahme der Deutschen Bibliothek
Tegetthoff, Folke:
Folke Tegetthoffs Kräutermärchenbuch/
Folke Tegetthoff. - Wien: Ueberreuter, 1988
ISBN 3-8000-2304-0

J 1733/1

Umschlag und Illustrationen von Brigitte Smith

Gesamtherstellung: Carl Ueberreuter Druckerei Ges.m.b.H.,
Korneuburg
Printed in Austria

Für meine Mutter Margarethe

Inhaltsverzeichnis

Vorwort

Als Astrid und ich im September 1984 in die Schwarzaumühle zogen und wir unseren ersten Kräutergarten anlegten, hatte ich auch gleich die Idee, eines Tages ein Kräutermärchenbuch zu schreiben.
Aber mit dem Märchen ist das nicht so einfach. Ich kann ihm nicht einfach sagen: »Liebes Märchen, bitte zaubere mir etwas über Kräuter aufs Papier!«
Erst wenn ich mich richtig benehme, meinen Hirseauflauf brav aufesse, zu meiner Fee und den zwei Zwergen und dem Hundedrachen lieb bin (ja, das Märchen ist sehr streng), steht es eines Morgens an meinem Bett und schenkt mir seine Worte! Diesmal geschah es am 28. Dezember 1987, und am 21. Juli 1988 schrieb ich das letzte Wort: »... Nachthimmel.«

Jetzt liegen sie vor dir, die ersten achtzehn Märchen über Kräuter (die zweiten achtzehn sind schon fast fertig und werden im Oktober

1989 als Buch herauskommen). Märchen sind für mich Wahrheiten, manchmal Wahrheiten, über die wir lächeln – wir, die wir so vertechnikt, zerprüft und arzneiig geworden sind. Meine Kräutermärchen sollen und dürfen den Arzt nicht ersetzen. Sie sollen dir aber dabei helfen, die Natur, ihre Wunder und Kräfte und unsere Beziehung zu ihr besser zu verstehen. Und es wäre für das Märchen und mich das schönste, wenn du nach dem Lesen unseres Buches Lust bekommst, hinauszulaufen und dich auf die Suche nach Kräutern und Blumen machst – wenn du mit offeneren Augen durch die Welt gehen würdest!

Sei also so lieb und sieh dieses Buch weder als Arzneibuch noch als Doktorbuch. Es ist ein Tor in ein wahrhaft »märchenhaftes Reich« – das Reich der Kräuter, der Säfte und Salben und Tinkturen. Und das Reich der Feen, Elfen, Engel, Teufel und Hexen (gute und manchmal auch böse).

Viel Spaß,
dein Folke

Folgende Bücher habe ich gelesen, um mehr über Kräuter zu erfahren: Hieronymus Bock (1539), Theodorus Tabernaemontanus (1588), Kneipp, »Die Gesundheit aus dem eigenen Garten«, »Das große Buch der Kräuter«, M. Uyldert, »Verborgene Kräfte der Pflanzen« – alle sind sehr zu empfehlen!

Angelika

Auf ihrem Weg zum Meer oder in die nächste Stadt machten die Reisenden einen weiten Bogen um das Dorf.
»In warmen Sommernächten soll es blitzen und donnern und sollen Kobolde und Dunkelmännchen wie Raketen in den Himmel schießen!« Das erzählten die, die zu nahe an die Häuser herangekommen waren.
Und sie hatten recht: Es ging in diesem Dorf wirklich ungeheuerlich zu! Die Bauern hatten volle Kornkammern – klar, wenn der Teufel persönlich den Pflug führt. Und Ställe, voll mit Schweinen und Kühen, groß wie kleine Elefanten – klar, wenn Kobolde ihr Süpplein kochen. Der Reichtum aber hatte seine Geschwister mitgebracht: der Wein floß aus den Fässern wie anderswo das Wasser. Lange bevor die Sonne Feierabend machte, saßen die Bauern an ihren Tischen, stopften sich Würste und Schinken in die Gierhälse, erzählten sich unartige Geschichten und grölten und rülpsten.

Das war den dunklen Wesen nur recht – wenn die Nacht ihren Sternenvorhang über das Tal warf, kamen sie aus ihren Höhlen und Erdlöchern hervor und begannen ihre düstere Arbeit.
Sie ärgerten das Vieh, bis es laut brüllte, aber der Wein hatte den Bauern die Ohren verstöpselt. Sie brieten sich jede Nacht einen Ochsen, aber wer viel hat, zählt nicht, ob was fehlt.
Manchmal holten sie sogar ein unschuldiges Kind aus seinem Bett und verzauberten es durch einen Kuß in ihresgleichen, aber wer darf sich über Schlimmes aufregen, wenn er selbst so handelt? »War wohl krank«, sagten sie und bemerkten gar nicht, wie die Teufel ein Kind nach dem anderen aus den Häusern holten.

Eines Tages rief der König seine Untertanen auf, bekanntzugeben, wie viele Kinder ein jedes Dorf hatte.
Die Väter riefen: »Alle Kinder mal herkommen«, und die Mütter liefen aufgeregt durchs Haus. Aber kein Kind war zu sehen.
»Wo sind denn unsere Kinder?« – das klang schon etwas besorgter. Und als sie sich am Dorfplatz trafen, war ihnen die Angst ins Gesicht geschrieben: Es gab kein Kind mehr im Dorf –

die Teufel hatten sie alle geholt! Und es war ihnen vor lauter Wein und Würsten nicht einmal aufgefallen.
Mit einemmal herrschte völlige Stille im Dorf, ja man meinte, nicht einmal mehr die Herzen würden schlagen. Plötzlich war ein leises Husten zu hören, aber durch die Lautlosigkeit klang es wie Donner in den Ohren der schlechten Menschen. Sie folgten dem Laut und fanden im letzten Winkel eines Hauses ein kleines Mädchen. Schwach und armselig lag es auf einem Haufen Stroh. Es war so schwach gewesen, daß die Teufel gemeint hatten, daß es sich nicht auszahlte, ein solches Kind mit in ihre Welt zu nehmen.

Von diesem Augenblick an kümmerte sich das ganze Dorf um Angelika – es war ja das letzte Kind, das ihnen geblieben war. Aber trotz aller Liebe und Mittelchen wollte und wollte sich der Husten und der Zustand der Kleinen nicht bessern. Man schickte nach den besten Ärzten, aber keiner wollte das Dorf betreten – mit den Teufeln und Kobolden wollte niemand zu tun haben.

Das Jahr lud schon den Herbst zu Besuch, als ein Bettelmann im Dorf auftauchte.

»Du hast uns gerade noch gefehlt«, riefen die Leute. »Bettelmänner schicken sie uns, wir brauchen einen Arzt.« Und sie jagten den armen Mann davon.

In dieser Nacht sah es so aus, als würde es die letzte im Erdenleben der kleinen Angelika werden. Als sich die Leute verzweifelt in ihre Häuser zurückgezogen hatten, da trat plötzlich ein Engel an Angelikas Bett. Er strahlte und leuchtete so stark, daß das Mädchen seine Augen aufschlug.

»Du bist das letzte Stückchen Gute in diesem Dorf«, sagte der Engel, »aus dir müssen die Leute trinken wie aus einem Brunnen, damit sie wieder Farbe in ihr Herz bekommen. Höre: Eine gute Hand muß hinausgehen, zum Bach, und eine hohe Pflanze suchen. Die soll sie gleich nach Vollmond schneiden, die Wurzel ausgraben und trocknen. Davon mußt du einen Tee trinken. Und dann soll die gute Hand die Blätter und Blüten zu einem Büschel binden und in alle Ställe hängen. Aber denk daran: Nur ein guter Mensch kann die Zauberkraft des Krautes bewahren.«

Das Licht wurde immer schwächer, bis der Engel ganz verschwunden war.

Das Mädchen rief, so laut es konnte, nach den

Leuten, und als sie um ihr Bett standen, da erzählte sie ihnen von dem Traum: von einem Engel, der erschienen war, und von einer geheimnisvollen Pflanze, die nur ein guter Mensch pflücken kann. »Ich gehe!« riefen alle gleichzeitig.

»Denkt daran, eine schlechte Hand läßt das Kraut sofort welken, und dann muß ich sterben.«

Nun standen alle mit gesenkten Köpfen da – die Worte des Mädchens waren wie ein riesiger Spiegel, der allen ihre Schlechtigkeit zeigte.

»Der Bettelmann!« schrie plötzlich einer auf.

»Der Bettelmann kann es doch versuchen. Er hatte so was Gutes in seinen Augen!« Schnell liefen sie in den Wald, wo sie ihn gestern hingejagt hatten, und fanden ihn schlafend unter einem Baum.

Der Bettelmann schien gar nicht überrascht über die seltsame Bitte, die die Dorfbewohner flehentlich vorbrachten. »O ja, diese Pflanze kenne ich«, sagte er. Er ging durch das Gestrüpp bis zum Bach, bog einige Äste zur Seite und zeigte auf eine hohe Pflanze mit einem lustigen Blütenball am Stielende. »Heute war der volle Mond am Himmel, morgen nacht werde ich die Wurzel ausgraben.«

Und so geschah es auch. Angelika bekam ihren

Tee und wurde rasch gesund. In allen Ställen des Dorfes hingen Büschel des Krautes, und bald ließ sich kein Teufel und kein Kobold mehr im Dorf blicken.

Viele Jahre später, als längst wieder das Gute in das Dorf eingekehrt war, Kinder durch die Gassen liefen und die Bauern erst mit den letzten Sonnenstrahlen von ihren Feldern kamen, erzählte das Mädchen von damals, das inzwischen eine junge Frau geworden war, die Geschichte vom Engel und dem Kraut und nannte es immer nur »Engelkraut«.
Für die Leute des Dorfes aber blieb die Pflanze bis heute »die Angelika«.

Die Angelika

nennt man auch Engelwurz oder Heiligengeistwurz. (Als hätten die Engel oder der Heilige Geist persönlich dieses himmlische Gewächs auf die Erde gebracht!) Eine andere Geschichte berichtet, daß die Angelika von einem der Erzengel die Kraft erhalten hat, böse Geister und Dämonen fernzuhalten.

Angelika wächst an Flußufern und auf feuchten Wiesen, am liebsten im Halbschatten.

Verwendet werden die jungen Blätter und Blüten (im Frühling), die Früchte und Samen (im August) und vor allem die Wurzel (im Oktober).

Ihr Geschmack ist süßlich. Zerreibt man das Kraut zwischen den Fingern, riecht es würzig.

Die Angelika wirkt appetitanregend, nervenberuhigend und heilend bei Beschwerden der Atemwege (deshalb nennt man sie auch manchmal »Brustwurz«).

Noch was: Wußtest du, daß der Mond in allen lebendigen Wesen das Wasser anzieht? Seine Wirkung ist um so stärker, je mehr reflektiertes Sonnenlicht er auf die Erde wirft: Bei Vollmond schleppen die Mondfeen das Wasser in Kübeln, bei Neumond schlürfen sie den Rest mit dem Strohhalm.

Baldrian

Als der Hirtensimmerl am fünften Tag des abnehmenden Mondes am Euter seiner Kuh Malli zupfte, blieb der Melkeimer leer: Kein Tröpfchen Milch ließ sich blicken!

»Arme Malli«, sagte der gute Bauer, »wirst doch nicht Würmer haben?«

Als auch am nächsten Tag die Kinder ohne ihren Kakao zu Bett gehen mußten und die Bäuerin den dritten Tag keinen Schmarrn kochen konnte, wurde der Hirtensimmerl unruhig und schickte nach dem Tierdoktor. Der untersuchte die Malli ganz genau, schaute ins Ohr und unter den Schwanz, aber nichts Krankes war zu erkennen.

»Muh«, brummte die Malli und kaute fröhlich vor sich hin.

Zu Neumond, gerade wo man gut und tief schläft, wurde der Hirtensimmerl gegen zwölf Uhr wach und hörte lautes Getrampel aus dem Kuhstall.

»Die Malli, um Gottes willen«, schrie er auf und

rannte im Nachthemd, mit Zipfelhaube und Pantoffeln aus dem Haus.
Gut, daß der Bauer so dick angezogen war, er verbrachte die ganze Nacht im Freien. Die Malli hopste im Stall auf und ab, als würde sie tanzen, drehte sich im Kreis und wieherte dabei wie ein Pferd. Als man den Hirtensimmerl am nächsten Morgen im Nachthemd mit Zipfelhaube und Pantoffeln auf dem letzten Ast der Kastanie beim Bach sitzend fand, zitterte er am ganzen Leib und brachte kein Wort über seine Lippen.
Und die Malli stand in ihrem Stall und kaute fröhlich vor sich hin.
Am siebten Tag des zunehmenden Mondes durfte der Hirtensimmerl zum erstenmal wieder das Bett verlassen. »Vorsicht«, hatte der Menschendoktor gesagt. »Keine Aufregungen mehr! Er ist nicht nur nervös, sondern hysterisch.«
Am achten Tag des zunehmenden Mondes, als der Hirtensimmerl, in warme Decken gehüllt, die beruhigende Pfeife im Mund, auf der Veranda saß und fühlte, wie sein Blut wieder langsam die Wangen rot färbte, tauchte plötzlich und ohne jede Vorwarnung die Kuh Malli hinter dem Dach des Stalles auf, flog in etwa

siebenundzwanzig Meter Höhe eine Runde über den Hof, steuerte dann mit dem quastigen Schwanz sehr geschickt zurück zum Stall und verschwand, nach einer sehr eleganten Landung, wieder darin.
Zu Vollmond war der Hirtensimmerl zum erstenmal wieder ansprechbar. Bis dahin hatte er immer nur »fliegen« gemurmelt, hatte die rechte Hand wie ein Segelflugzeug kreisen lassen und dabei irr gelacht.
»Noch so ein Anfall«, sagte der Menschendoktor, »und der Hirtensimmerl muß in die Anstalt.«
Die Bauersfamilie war verzweifelt: der Vater krank, keine Milch mehr und die Arbeit seit Wochen nicht mehr getan.
Aber in dieser Vollmondnacht sollte es noch wilder kommen: Der Alois, der kleine Hirtensimmerlsohn, kann nicht einschlafen, kann nie bei Vollmond einschlafen. Und so liegt er mit großen, offenen Augen da und schaut, wie die Schatten langsam über die Wände wandern. Plötzlich wird es ein bissel hell im Raum, dann immer heller, bis der Alois erkennt, woher das Licht kommt. Ein einzelner Mondstrahl, gerade wie ein Stecken, steht vor seinem Bett und macht ihm ein Zeichen, wie »komm mit«.

Der Alois ist ganz weg, wie verzaubert, und wandert hinter dem Strahl her. Jetzt steht der Alois vor dem Stallfenster und sieht mit einemmal, wie's ganz hell ist im Stall und sieht die Malli. Aber die schaut nicht mehr wie eine Kuh aus, sondern wie ein Elefant aus dem Schulbuch. Einen Rüssel hat sie, und die Hörner wachsen jetzt unten beim Maul heraus.

Heilige Maria, denkt der Alois, der Papa! Und denkt daran, wie es sein wird, den Vater einmal im Monat in der Anstalt zu besuchen.

Ist das schon Schreck genug, zuckt er jetzt noch mehr zusammen. In einem Winkel, unterm Dach, sitzt was, was aussieht wie eine Hexe. Nicht wie eine gute, ein Kräuterweibl, nein, wie eine böse, und wie sie lacht und dabei Galle spuckt, und aus den Ohren dampft's ein bissel.

Jetzt weiß der Alois auch, warum der Vater im Bett liegt und zittert. Die Hexe treibt mit der Malli ein böses Spiel!

Da ist's dem kleinen Alois, als ob ihm der Mondstrahl auf die Schulter klopft. Er dreht sich um und sieht, daß der Strahlenstecken ganz lang geworden ist, was heißt ganz lang, wie eine leuchtende Leiter steht er vor dem kleinen Alois, vom Hof bis zum Mond, und der kleine Alois Hirtensimmerl weiß nicht, ob er wach ist oder träumt, aber er klettert den Mondstrahlstecken hinauf und hinauf, und bald sieht er den Hof nicht mehr, und bald ist die Erdkugel hinter ihm nur mehr so groß wie sein Fußball, und dann steht er auf dem Mond. Genau dort, wo er den Mond betritt, ist ein Riß, und aus dem Riß wächst eine Pflanze. Ja, eine Pflanze auf dem Mond! Der Alois traut sich nicht, das Kraut anzufassen, es riecht so komisch, die weißen Blüten sehen wie kleine Fallschirme aus. Ganz allein steht es auf dem großen Mond, weit und breit nichts als Nichts. Da sieht er, wie das Kraut sich bewegt, aber er spürt keinen Wind. Und er hört eine feine Stimme, aber niemand ist da.

Bis er ganz genau hinschaut und auf der weißen Blütenhaube ein winziges Wesen erkennt. Und er, der weiß, wieviel zwei mal zwei ist und daß Bregenz die Hauptstadt von Vorarlberg ist, der weiß plötzlich, daß das eine Mondfee ist, die da vor ihm sitzt. Und weiß, daß Mondfeen auf langen Strahlenstecken Wasser von der Erde holen, weil es auf dem Mond kein Wasser gibt.

»Die Pflanze ist für dich«, hört er die Mondfee sagen, »nimm sie, und vergiß die Wurzel nicht!«

Der Alois zieht das Kraut samt der Wurzel aus dem Mond, noch immer ganz verzaubert, dreht sich um und steigt den Mondstrahl wieder hinunter in Richtung auf den großen, blauen Ball, der unter ihm liegt.
»Warte«, ruft die Stimme noch einmal, »das Kraut häng zur Malli in den Stall, und die Wurzel koch für deinen Vater.«
»Ja, gut«, nickt der Alois, der mit einemmal alles weiß, »ja, ja, Mondfee und danke!«

Am ersten Tag nach Vollmond fehlte der Hirtensimmerl Alois in der Schule. Seine Mutter hatte »Erbrechen« auf die Entschuldigung geschrieben. Aber das stimmte nicht. Der Alois wachte erst um zwölf Uhr mittags auf, schweißgebadet, und hielt in seinen kleinen Händen ein seltsames Kraut, das kein Mensch zuvor je gesehen hatte.
»Wo hast denn das her?« fragte die Mutter und machte schnell ein Kreuz – man kann ja nie wissen ...
Der Alois sagte kein Wort, schnitt die Stengel mit den Blüten von der Wurzel und hängte sie zur Malli, die ausnahmsweise wie eine Kuh aussah und friedlich vor sich hin kaute.
Dann bat er die Mutter, die nichts mehr ver-

stand, um einen Topf mit kaltem Wasser, warf ein wenig von der zerkrümelten Wurzel hinein und gab den Tee nach dreizehn Stunden dem Vater zu trinken.
Am zweiten Tag nach Vollmond kam dreizehn Minuten nach elf, wie jede Nacht, die Hexe in den Stall, um mit der Malli ihren Spaß zu treiben. Als sie jedoch das Kraut über Mallis Kopf baumeln sah, wich sie entsetzt zurück und schrie auf: »Baldrian, na Prost, das hab ich nicht gewoßt!« – und ward nie mehr gesehen.
Am fünften Tag nach Vollmond zupfte der Hirtensimmerl am Euter seiner Kuh Malli, und der Melkeimer füllte sich mit köstlichster Milch.
Und draußen, am Hof, sangen sieben fremde Katzen ein trauriges Lied, und keiner auf dem Hirtensimmerlhof wußte, warum …

Der Baldrian

Man nennt ihn auch Katzenkraut (weil seinem Geruch und seinem Geschmack keine Katze widerstehen kann), Bullerjan oder Mondwurzel (weil er in besonderer Beziehung zum Mond steht). Baldrian soll Hexen vertreiben, und ein alter Kräuterkundiger meint: »Die Wurzel in Wein oder Wasser gekocht, in die Augen getropft, macht dieselbigen klar und rein!«

Baldrian wächst in ganz Mitteleuropa auf Wiesen, an Waldrändern und Bachufern. Im Kräutergarten liebt er feuchte Plätze.

Verwendet werden hauptsächlich die Wurzeln, die man im Herbst ausgräbt und trocknet. Erst im trockenen Zustand entfalten sie ihre ganze Kraft (und ihren Duft).

Baldrian schmeckt bitter – sehr bitter.

Baldrian beruhigt die Nerven, läßt dich wunderbar schlafen und hilft dir, entlaufene Katzen herbeizulocken – aber wundere dich nicht, wenn du statt einer Katze plötzlich dreizehn Katzen hast!

Typisch Mond: »Schneidst knapp vor Mond du das Kraut ins Faß, wird davon alles in der Umgebung naß!« Das heißt, das Sauerkraut wird so gut gedeihen, daß das Faß überläuft.

Basilikum

In einem Königreich, weit hinter dem Horizont, weilte der König eines benachbarten Landes zu Besuch. Die Herren Könige nannten es »Freundschaftstreffen«, obwohl das Hauptziel war, zu prahlen und sich gegenseitig zu beeindrucken. Sie hatten schon die gewonnenen Kriege, die getöteten Helden und die geküßten Frauen aufgezählt, als man zum wichtigsten Wettbewerb schritt, der im großen Speisesaal des Schlosses stattfinden sollte. Dort bogen sich die Teller vor Köstlichkeiten, und draußen saß das Volk vor leeren Schüsseln – so war es damals und ist es noch heute...
Es war eine herrliche Sommernacht, die Fenster zum Park standen weit offen, die Geiger duellierten sich mit den Vogelstimmen, und beider Musik war einzig dafür bestimmt, den Gaumen zu kitzeln für immer neue ausgefallene Speisen. Die Diener schleppten ein Silbertablett nach dem anderen mit allen Leckerbissen dieser Welt herbei: Elefantenohrenauflauf,

geröstete Seepferdchenmagen, Eulenaugengulasch, Leuchtkäferpalatschinken und und und... Die Könige samt ihren Gemahlinnen rülpsten sehr vornehm, die Diener erbrachen sich sehr zurückhaltend auf den Toiletten. Das Freßfest strebte seinem Höhepunkt entgegen: Soeben wurde von einundzwanzig Dienern ein gewaltiges Tablett mit frischen Walfischhirnen in den Saal balanciert, als der Nachbarkönig von seinem Sessel hochfuhr und mit bebenden Nasenflügeln zu einem offenen Fenster stürzte. »Was in aller Welt riecht da so himmlisch?« schrie er vor Begeisterung, und alle anwesenden Damen und Herren des Hofes rissen ebenfalls ihre Nasen hoch und schnupperten, denn der nachbarliche König war berühmt für seine feine Nase.

»Noch nie habe ich Edleres, Köstlicheres, Feineres gerochen als diesen Geruch. Was ist das?« Keiner der Gäste wollte natürlich zugeben, daß er außer guter Landluft gar nichts roch, und so stimmten alle in den Jubel über den Geruch ein. Nur dem Gastgeber zog etwas durch die Nase bis zu den Zehen: Ärger und Wut auf diesen Duft, der ihm den Höhepunkt seines Galaessens verpatzt hatte. »Zurück zum Walfischchen«, befahl er mit süßlicher Stimme und

patschte mit seinen Fetthänden zum Aufbruch. »Nach so einem Duft – niemals!« rief der königliche Besucher empört. »Ich will keinen Bissen mehr anrühren, bevor ich nicht die Pflanze vor mir habe, die einen solchen Duft ausströmt.«
Den Festgästen fiel ein Stein vom Magen – nach Walfischhirnen hatte keiner mehr Appetit, und außerdem hieß es jetzt, eine feine Nase zu beweisen!
Es begannen heftige Diskussionen darüber, zu welchen Speisen dieser Duft am besten passen würde. Die Könige überboten sich in ihrer Phantasie, je stärker der Duft zum Fenster hereinwehte, und alle, außer dem Besucherkönig natürlich, begannen zu verzweifeln, weil sie so tun mußten, als würden sie mit jedem neuen Riechen ein neues Gericht herbeizaubern. Aber ihre knoblauchgewöhnten Nasen fingen nicht einmal den Hauch eines besonderen Duftes ein.
Als die ersten Vogelwecker im Park zu hören waren, der Wein die Sinne der Gäste, vor allem den Geruchsinn, vollends benebelt hatte, mußte sich der Minister für Essensfragen mit seinem Stab auf die Suche nach der geheimnisvollen Pflanze machen. Jetzt wurde die Sache knifflig: kamen sie ohne Kraut zurück, bedeu-

tete das, sie hätten es nicht gerochen. Und diese Schande konnte nicht nur die Nase, sondern möglicherweise den ganzen Kopf kosten. Brachten sie aber irgendein Kraut zurück (es wäre ein unglaublicher Zufall gewesen, hätten sie aus den Tausenden Pflanzen das richtige gefunden) und behaupteten, es handelte sich dabei um das gesuchte, würde dies die völlige Disqualifikation ihrer Nasen und ihrer Person nach sich ziehen. Denn ohne eine feine Nase war man ein Niemand an diesem Hof. Der König und sein Minister, ja überhaupt alle, konnten nur auf ein Wunder hoffen.

Die Amtszeit des Ministers für Essensfragen endete mit der kühnen Behauptung, der Geruch sei verschwunden, deshalb hätten sie das Kraut auch nicht ausfindig machen können. Unglücklicherweise wurde gerade in diesem Moment der königliche Gast von einer neuen Wolke unbeschreiblichen Geruches umhüllt. »Ich kann nicht umhin zu bemerken«, sagte der Nachbarkönig, »daß Eure Majestät von unfähigen Leuten umgeben sind. Dieses Kraut scheint nicht nur die Magennerven zu verzaubern, sondern es entlarvt auch Hirnlose. Wunderbar! Tausend Golddukaten dem, der mir diese Wunderblume herbeischafft!«

Der ganze Hofstaat pflügte den königlichen Park um, und als die Dämmerung dem Spiel gnädig ein Ende setzte, war der Rasen um das Schloß in einen Acker verwandelt.
Im Speisesaal türmten sich Stengel und Wurzeln, Zapfen und Blüten. Im Raum hing eine Duftwolke, die drei Damen und einen Herrn in Ohnmacht fallen ließen, aber ***der*** Duft war nicht darunter.
»Was ist das für ein Königreich ohne Nasen?« schrie der Besucherkönig. »Ihr wollt mich doch nicht zwingen, mich höchstpersönlich auf die Suche nach dem verdammten Kräutlein zu machen?«
»Nein, nein, nicht doch«, antwortete der Gastgeberkönig, der sein Ansehen völlig dahinschwinden sah.
»Liebster«, begann plötzlich die Gemahlin des Hausherrn, »du bist doch berühmt für deine Nase. Sei ein guter Gastgeber und Vorbild für das Volk, und hole du unserem Gast die rätselhafte Blume.«
ZACK – das traf den Gemahl wie ein Keulenschlag. Nun brachte dieser dämliche, unriechbare Geruch irgendeines Wald- und Wiesenkrautes den König an den Rand der Abdankung. Denn es lag auf der Hand, daß die

Königsuntreuen diese Gelegenheit sofort wahrnehmen würden, dem König auf seiner unnützen Nase herumzutanzen.
»Äh, ich, natürlich, du hast recht. Morgen werde ich der geschätzten Majestät zum Abschied die Pflanze überreichen.«
»Hoch lebe unser König!« rief das Volk und war sehr stolz auf die königliche Nase.
Die Nacht wurde zur Hölle. Der König legte sich zwei Stunden in eine mit Eis gefüllte Wanne, um die rettende Grippe zu bekommen, tropfte sich warmen Kräuteressig in die Nase, um den Schnupfen zu lockern, aber die gesunde Kost der letzten Tage hatten ihn völlig unangreifbar für jede Krankheit gemacht.
Die Turmuhr schlug schon drei, als der König durch Geheimboten im ganzen Reich verlautbaren ließ, daß derjenige das halbe Reich bekäme, der ihm das Kraut besorge – er läge bedauerlicherweise mit einer Nase, rot wie die Sonne im Juli, im Bett.

Das halbe Königreich hatte sich versammelt, um den Besucher zu verabschieden, aber vor allem, um die Bloßstellung der königlichen Nase zu beobachten. Kutsche um Kutsche, gefüllt mit erlesensten Geschenken, rollte über den Platz. Reden wurden gehalten, und das Herz des Königs tickte wie eine Zeitbombe. Der Moment, der furchtbare Moment, wo die königliche Nase aus dem königlichen Gesicht fallen würde, rückte immer näher.

»Und nun ... äh ... ist der Moment gekommen, Eurer Majestät zum Abschied ... zum Abschied ...«. Gerade als der König in sich zusammensinken und »... zum Abschied die Hände reichen« sagen wollte, statt »das Kraut«, fuhr der Geruchskönig wild herum, stürzte auf die Absperrungen zu und blieb vor einer Frau aus dem Volk stehen. Auf ihrer Brust hingen drei Spaghetti, die wohl beim Frühstück dort hingepatzt und vergessen worden waren.

Zwei königliche Finger nahmen eine der Nudeln vom Kleid und hielten sie unter die feinfühlige Nase.

»Das ist es, ja, das ist es!« schrie der König auf. »Wie originell, Majestät, wie originell, mir das Kraut zum Abschied auf einer Nudel zu servieren. Aber nun sagt, wie heißt es, wie sieht es aus, und woher kommt es?«

Noch bevor der Gastkönig sich von dieser unerwarteten Wendung erholen konnte, lachte die Frau: »Meint Ihr mein Basilikum, erlauchteste Durchlaucht? Mein Mann, der Seefahrer, hat es mir mitgebracht. Ich streue es mir immer über die Nudeln, wenn ich Sehnsucht nach ihm habe.«

»Geh und hole unserem Gast von diesem Kraut, soviel du tragen kannst!« befahl der König und strich sich über die Nase, die ihn so erbärmlich im Stich gelassen hatte.

So konnte er zum Abschied endlich das Kraut überreichen, und als Schlußpunkt verlautbarte er noch, daß von diesem Tag an, zu Ehren des Gastes, diese Pflanze »Königskraut« heißen sollte!

»Hoch lebe unser König!« rief das Volk, und mit einemmal trugen sie alle stolze Nasen im Gesicht!

Das Basilikum

nennt man auch Königs- oder Hirnkraut. (Königskraut, weil es einen »königlichen« Geschmack zaubert; Hirnkraut, weil es das Essen leicht verdaulich macht und so für einen klaren Kopf sorgt – klingt doch logisch, oder?)

Wild wächst Basilikum vor allem im Mittelmeerraum, (ursprünglich kam es aus Indien). Du kannst es aber ganz leicht im Garten oder in einer Tonschale ziehen (im Topf wächst es das ganze Jahr über). Es blüht von Juni bis September.

Verwendet wird das ganze Kraut.

Im Sommer, wenn es schon sehr hoch steht, duftet der ganze Garten stark nach Basilikum.

Heute verwendet man das Basilikum vor allem in der Küche. Aber nicht nur wegen seines Aromas, sondern auch wegen seiner beruhigenden, windtreibenden, verdauungsfördernden Wirkung.

Apropos Mond: Du weißt ja, daß der Mond achtundzwanzig Tage braucht, um von einem Vollmond zum nächsten zu gelangen. Dabei durchläuft er einmal den Tierkreis. Nach »Vollmond« nimmt er vierzehn Tage lang ab, bis er ganz dünn geworden ist und »Neumond« heißt. Danach nimmt er vierzehn Tage zu, bis er wieder dick und fett und strahlend am Himmel steht.

Beifuß

Es war einmal ein Vater, der hatte zwei Söhne. Nicht daß ihr glaubt, das Märchen hätte ihm einen dritten vorenthalten – aber der war betrunken zu schnell in die Kurve geritten und hatte sich den Hals gebrochen.
Übrig blieben also zwei Söhne, und die stritten sich brav ums Erbe. Ihr Vater, ein gerechter Mann, der sich ein hübsches Kistchen Geld zusammengerafft hatte, las in einem Märchenbuch von drei praktischen Aufgaben, die zu lösen waren, um den besten Erben zu ermitteln – das gefiel ihm!
Er setzte sich hin und überlegte. Langsam schlich der Gedanke in seinen Kopf, daß er den Klotz, den älteren, eigentlich dem Klei vorziehe. Klotz war ihm ähnlich, hatte seine Beine in die Erde geschlagen und war der, der die Münzen auf der Straße fand.
Klei, der Mutter ähnlich, saß auf Bäumen und konnte jeden Vogel beim Namen nennen.
»Ich werde euch drei Aufgaben stellen«, sagte

der Vater eines Tages, und die Mutter legte den Kochlöffel zur Seite und hörte still zu. »Wer sie am besten löst, soll erben, was ich besitze, der andere aber soll fortziehen, um zu lernen, wie man es besser macht.«

Der Mond spazierte mit aufgeblähtem, fast kreisrundem Bauch durch den Sternenpark und goß Kübel voll Silber auf die Erde – als die Mutter den schmalen Weg zum Wald ging, sich da und dort bückte und ein Kraut schnitt, bis sie ein großes Bündel davon hatte.
Am nächsten Morgen, bevor der Vater erwachte, schlich sie zu den Söhnen. Zuerst zu Klotz, weckte ihn und sagte: »Lieber Sohn, hier bringe ich dir meinen Goldschatz. Trage ihn immer an deinem Gürtel, er wird dich vor allem Unglück beschützen.«
Gute Mutter, dachte Klotz, wie soll mir deine Blume wohl zum Sieg verhelfen?
Dann trug sie ein Bündel zu Klei: »Wenn du die Zeichen des Krautes liest, wird es alles Unglück von dir nehmen.«
Klei küßte seine Mutter und steckte sich die Pflanze in den Gürtel.
Es war der Beifuß, den die Mutter geschnitten hatte.

»Klotz, Klei«, rief der Vater, »hört die erste Aufgabe, die ich euch stelle. Ihr sollt einen Zaun ziehen um diese Wiese dort. Nur wer sein Reich zu schützen weiß, wird der Stärkere bleiben.«

»Das ist eine einfache Aufgabe«, lachte Klotz und zog mit der Axt in den Wald.
»Warte«, rief ihm die Mutter nach, »denk an den Beifuß und seinen Bruder, den Mond.«
»Ich koch die Suppe, wenn ich zu Hause bin,« lachte Klotz und fand die Mutter sehr einfältig.
»Denk an den Beifuß und seinen Bruder, den Mond«, sagte sie auch zu Klei.
Vom Wald hörte man schon die ersten Bäume fallen, während Klei in seinem Baum saß und nachdenklich das Kraut der Mutter in den Händen hielt …

»Wie ich es mir dachte«, sagte der Vater zur Mutter. »Klotz arbeitet im Wald, um das Holz für den Zaun einzubringen, und Klei sitzt im Baum und träumt.« Und die Mutter saß still am Tisch und lächelte.
Der Vater ging in den Wald und brachte Klotz die neue, gute Axt und klopfte ihm auf die Schulter.

Die Mutter ging zu Klei und sagte: »Geh du ins Holz, wenn der Mond sein Gesicht verliert.«

Nach drei Wochen hatte Klotz alle Pfähle fertiggestellt und begann mit dem Bau des Zaunes.
Klei streifte durch die Wälder und suchte sich die richtigen Bäume aus. Drei Tage bevor der Mond das letzte Viertel hob, ging auch Klei in den Wald. Sein erster Schlag ertönte gleichzeitig mit dem letzten Schlag, mit dem Klotz die Arbeit an seinem Zaun beendete.

»Die erste Aufgabe hast du gut gelöst«, sagte der Vater stolz, »so wie ich es auch getan hätte.«
»Ich hätte nicht auf dich hören sollen«, beschwerte sich Klei bei der Mutter.
»Nur Geduld, die Sterne zählt man nicht in einer Nacht. Laß dein Holz bis zum Frühling liegen, dann setze deinen Zaun.«

»Ich will euch nun die zweite Aufgabe stellen. Hört: Ihr sollt auf euer Stück Land Pflanzen setzen, die euren Besitz vermehren. Denn wer viel sät, wird viel ernten.«
»Das ist eine einfache Aufgabe«, lachte Klotz, borgte vom Vater Geld und Wagen und holte

sich am Wochenmarkt in der Stadt junge Obstbäume.
Kurz vor Mittag eines Junitages hatte er seine Bäume schon eingepflanzt. Und es fehlten noch sieben Tage zum vollen Mond.
Klei saß in seinem Baum und dachte: Wenn ich jetzt nicht rasch handle, ist das Erbe fort. Da kam die Mutter zu ihm und sagte: »Was grübelst du? Die Lösung des Rätsels steckt in deinem Gürtel.«
»Das Kraut?« fragte Klei ungläubig. »Du meinst, ich soll das billige Kraut, den Beifuß pflanzen?«
»Ja, sammle im Herbst die Samen, und setze sie im März – drei Tage nach dem neuen Mond.«
»Aber Mutter, dann ist das Erbe fort. Klotz hat seinen Zaun gesetzt und die Bäume gepflanzt. Und ich habe Holzstapel gebaut und soll auf Samen warten.«
»Habe Geduld. Die Saat braucht viele Monde bis zur wahren Ernte.«

»Du willst mich wohl auf den Arm nehmen«, schimpfte der Vater. »Klotz hat alle seine Aufgaben erfüllt und wird bald reiche Ernte haben. Und du hast nicht einmal damit begonnen!«
Zuerst wollte der Vater auf die dritte Aufgabe

verzichten, denn die beiden ersten hatten ja gezeigt, wer der zukünftige Herr des Hofes sein würde. Doch wollte er nicht ungerecht sein und Klei noch eine Chance geben, sich zu bewähren.
»Hört: Bringt mir meinen Lieblingstabak aus der fernen Stadt. Wer ihn mir zuerst in die Pfeife stopft, soll mein Erbe sein. Denn wer schnell zu Fuß ist, der ist auch schnell mit dem Hirn!« Klotz wurde in die eine Richtung geschickt, Klei in die andere. Der Vater lieh dem einen seine besten Schuhe, die Mutter legte dem anderen Beifuß in die Stiefel.

Nach zwei Tagen schnellen Schrittes konnte Klotz nicht mehr weiter. Seine Füße waren voller Blasen, und er hatte alle Lust verloren, wegen Pfeifentabak seine Füße kaputtzulaufen. »He, Reiter«, hielt er einen zu Pferd an. »Wollt Ihr mir helfen, reich zu werden? Ihr sollt es nicht bereuen. Leiht mir Euer Pferd für einen Tag.«
Gesagt, getan – Klotz ritt in wildem Galopp in die Stadt, kaufte den Tabak und brachte das Pferd im nächsten Morgengrauen seinem Besitzer zurück. Zwei Tage später füllte er dem Vater die Pfeife.

»Unglaublich«, meinte der Vater stolz, »fast zu schnell. Ging da wohl alles mit rechten Dingen zu?«
»Wie kannst du an meiner Ehrlichkeit zweifeln?«, erwiderte Klotz und zeigte seine Füße, die mit Blasen übersät waren.
»So hast du dich geschunden für deinen Vater! Du bist mein würdiger Nachfolger.«
Vier Tage später kam Klei mit dem Tabak zurück. »Zeig deine Fußsohlen«, befahl der Vater. »Keine Blase, nichts. Kein Wunder. Wahrscheinlich hast du im nächsten Dorf gewartet, bis ein Händler vorbeikam, dem du den Tabak abkaufen konntest. Du bist ein Tunichtgut und verdienst mein Erbe nicht. Wenn der Frühling kommt, zieh in die Welt und rechne nicht mehr mit meiner Hilfe.«

Als der Frühling kam, zog Klei los. Vorher aber setzte er, wie die Mutter ihm geraten hatte, den Zaun und streute die Samen des Beifußes aus.
»Nütze die Jahre draußen in der Welt, wenn du wiederkommst, wirst du ernten können«, sagte die Mutter und küßte ihren Sohn.

Sieben Jahre zog Klei durch die ganze Welt, bis er eines Tages wieder vor seinem Haus in der

Heimat stand. Noch bevor er die Eltern und den Bruder erblickte, sah er Seltsames: Der Zaun seines Bruders war völlig vermorscht, kein einziger Pfosten stand mehr gerade. Sein Zaun hingegen war so fest wie am Tag, als er ihn gebaut hatte. Die Obstbäume seines Bruders waren verdorrt, nur einer trug ein paar Äpfel, und die waren runzelig und wurmstichig.
Was aber war aus seinem Beifuß geworden! Ein riesiges Feld mit gelben Blütenköpfen, und Männer und Frauen standen darin mit Körben und ernteten.

»Alles ist meine Schuld«, sagte der Vater, als er seinen Sohn in die Arme nahm. »Die Sterne zählt man nicht in einer Nacht!«
Und die Mutter saß still in der Ecke und hielt in ihren Händen das Kraut der Göttin des Mondes, den Beifuß.

Der Beifuß

hat viele Volksnamen – von zweien möchte ich dir erzählen: »Gänsekraut«, weil man ihn zum Würzen und Füllen von Gänsen verwendet; und »Sonnwendkraut«. Das Tanzen um ein Sonnwendfeuer (Ende Juni zur Sommersonnenwende) war ein typisch heidnischer Brauch. Dabei trugen die Leute Beifuß im Gürtel und warfen ihn nach dem Tanz in das heilige Feuer – mit ihm sollte jedes drohende Unglück verbrennen.

Beifuß wächst an Wegrändern, Geröllhalden, an Zäunen und Ufern und gilt heute, sehr zu Unrecht, fast als Unkraut.

Verwendet werden die Zweigspitzen.

Beifuß schmeckt etwas bitter, aber sehr würzig.

Er wirkt blutreinigend, krampflösend und, auf Wunden aufgelegt, lindernd. (Die alten Römer hatten den Beifuß auf ihren langen Märschen in den Sandalen!)

Wichtig: Willst du etwas ernten, abbrechen, zerlegen, ein- oder niederreißen, dann erledigst du das am besten nach Vollmond, dann gelingt es dir sicher! Zwei Wochen hast du dafür Zeit.

Beinwell

An einer Stelle des Gartens trafen sich drei Wiesenstücke, die waren sehr verschieden voneinander. Auf dem einen wuchsen prächtige Rosen und Lilien, das andere war die Heimat der Kräuter, und das dritte Stück war gewöhnliche Wiese mit Gänseblümchen, Löwenzahn und Butterblumen.
Von Erde, Sonne, Mond, den Sternen und dem Regen wurden sie alle gleich behandelt. Nur die Menschen gaben ihnen das Gefühl, sich zu unterscheiden. Wenn die Mutter in den Garten kam, führte ihr Weg immer zuerst zu den Rosen. Sie wurden gehegt und gepflegt, geschnitten und gedüngt und überschwenglich bewundert. Manchmal wurden sogar Gäste vor den großen, blühenden Rosenstock geführt, die »ah« und »oh« ausstießen und ihre Finger über die Blätter streichen ließen. Kein Wunder, daß die Rosen mit der Zeit eingebildet und überheblich wurden.
Zur Kräuterecke kam die Mutter immer eilig.

Die Elfen konnten gerade noch die Flucht ergreifen, dann blitzte auch schon die Schere in der Sonne, und Blätter und Stengel waren abgeschnitten. Die Kräuter wurden gebraucht, aber nicht geliebt wie ihre Nachbarn, die Blumen.
Am schlimmsten aber erging es den Wiesenblumen. Sie wuchsen ohne Pflege, ohne Liebe heran, wurden nicht einmal gebraucht. Alle paar Wochen kam die Sense und schnitt sie ab. Die Beziehung zwischen Rose, Beinwell und Löwenzahn verlief nicht gerade harmonisch. Die Rose beachtete die anderen kaum und wenn, machte sie sich über die niedrige Herkunft der anderen nur lustig. Der Beinwell fand wiederum den Löwenzahn sehr armselig, war stolz auf seine Heilkräfte und seine großen, starken Wurzeln. Die Rose nannte er dumm und eingebildet. Der Löwenzahn ärgerte die Schöne und den Gesunden, wo er nur konnte - er tat es wohl, weil er sich minderwertig vorkam.

Dieser Zustand änderte sich schlagartig, als eines Tages nicht zwei große, feste Füße die Erde erschütterten, sondern zwei kleine, zarte: ein kleiner Bub kam in den Garten gelaufen.

»Blüten, stillgestanden«, kommandierte die Rose, denn für sie stand fest, daß das Kind zu ihr gelaufen kam, sie zu bewundern. »Erst ein Kind und kennt doch schon die Schönheit!« rief sie entzückt.

»Unsinn!« brummte der Beinwell. »Sieh dir sein blutendes Knie an. Ein kluges Kerlchen, weiß schon, wohin er zu gehen hat!«

Noch bevor sich der Löwenzahn eine bissige Bemerkung einfallen lassen konnte, lag das Kind schon bei ihm auf der Wiese und schaute die zarte weiße Kugel mit großen Augen an.

»Doch kein Geschmack!« rümpfte die Rose ihre Stacheln.

»Und noch dumm«, lachte der Beinwell ärgerlich.

»He, Pusteblume, möchtest du fliegen?« Der Löwenzahn war ganz aufgeregt, noch nie hatte jemand mit ihm gesprochen – bisher war immer nur auf ihm herumgetrampelt worden. Er richtete seine Kugel voll kleiner Fallschirme auf und rief: »Oh, ich bitte sogar darum. Ich reise gern!«

»Pah, reise gern!« ätzten die Rose und der Beinwell. Das Kind riß so vorsichtig den Stengel von der Wurzel, daß es der Löwenzahn kaum spürte, und dann pustete es, so stark es

konnte, die feinen Härchen in die Luft. Der Wind nahm die Flieger unter seinen Schutz und trug sie weit fort.

Von diesem Tag an kam das Kind jeden Tag, und abwechselnd ließ es den Löwenzahn fliegen oder flocht aus den Gänseblümchen solch hübsche Blumenkränze, daß die Rose ganz neidisch wurde. Nur die aufmunternden Worte der Mutter ließen sie vor Kummer nicht verwelken.

Die Schritte des Kindes wurden im Laufe der Jahre immer schwerer, und dann kam eine Zeit, wo es sich nur noch selten im Garten blicken ließ. »Ich wußte es ja«, sagte der Beinwell zur Rose, »bald wird der Junge zu mir kommen – er wird ja sicher mal klüger.«

»Das allerdings glaube ich nicht, verehrter Beinwell«, antwortete die Rose. »Seine Mutter wird ihm von mir erzählen. Bald werde ich seine Nase spüren, die meinen Duft einzieht.«

Der Löwenzahn und alle anderen auf der Wiese ließen sich auf solche Gespräche nicht mehr ein. Sie waren glücklich und träumten von ihren unzähligen Geschwistern, die von ihrer Wiese aus die Reise in die weite Welt angetreten hatten und damit für immer mit ihnen verbunden waren.

Fast hätten die Rose und der Beinwell das Kind vergessen, als eines Tages noch schwerere Schritte als die der Mutter durch den Garten liefen. Die beiden waren so überrascht, daß sie sich gerade noch von ihrem Sonnenbad aufrichten konnten. »Er läuft so, wie seine Mutter immer läuft, wenn sie zu mir kommt!« rief der Beinwell triumphierend.
»Es sieht fast so aus«, seufzte die Rose, die die blitzende Schere in seiner Hand entdeckt hatte. Und die war für das gemeine Kraut bestimmt.
Doch der junge Mann kniete vor dem Rosenstock nieder und ... »HALT, du darfst mich nicht ...« schrie die Rose entsetzt auf, aber der Mensch hörte nicht – er hätte in diesem Augenblick nicht einmal die Stimme eines Menschen gehört. »Sie liebt mich!« Schnipp! »Sie liebt mich!« Schnapp! Und so ging das, bis keine einzige Rose mehr am Stock übrig war.
»Du schönste Rose, du wirst ihr erzählen, wie sehr ich sie liebe!« rief der junge Mann und eilte so schnell davon, daß sich der Beinwell und der Löwenzahn von der Nachbarin gar nicht verabschieden konnten.

Eine seltsame Zeit brach an: Niemand ließ sich

im Garten blicken. Keine Mutter, die neue Rosen oder Lilien gepflanzt, niemand, der ein Kraut gebraucht hätte, auch die Sense blieb aus. Es schien, als wäre der Garten vergessen worden. Nun gab es keine Hand, die eines der Gewächse bevorzugte, keine Worte, die eines besonders hervorhoben. Der Beinwell, der Älteste, erinnerte sich an die Rose, die längst zu Erde geworden war, an den einfachen Löwenzahn, dessen Fallschirme irgendwo eine neue Heimat gefunden hatten.

»Für wen habe ich all die Jahre meine Kräfte gespeichert?« klagte der Beinwell. »Das Kind spielte mit dem Löwenzahn, der Jüngling schenkte die Rose. Und mich haben sie vergessen.«

Plötzlich spürte der Beinwell schnelle, schwere Schritte. So war doch die Mutter immer gelaufen, wenn sie ihn zum Kochen oder für eine Salbe gebraucht hatte.

»Wo ist nur der Beinwell?« hörte er ihre Stimme rufen. »Hoffentlich wächst er noch in dieser Wildnis. Wo ist er denn? Ich brauche ihn doch so dringend!« Sie bog hastig das Gras und all das Unkraut zur Seite, bis sie ihn endlich fand. »Dem Himmel sei Dank!« rief sie, und zum erstenmal, seit sein Same in die Erde gefallen war, sprach jemand zu ihm: »Beinwell, ich flehe dich an, nimm all deine Kraft mit ins Haus. Du mußt meinen Sohn heilen, den sie mir mit furchtbaren Wunden aus dem Krieg gebracht haben. Du bist meine letzte Hoffnung!«

Dann riß sie alle Blätter und Wurzeln, die sie finden konnte, aus der Erde.

Der Beinwell

Man nennt ihn auch Schmerzwurz, weil er zur Wund- und Knochenheilung beiträgt. Den Namen »Eselohrwurz« bekam der Beinwell durch sein Aussehen.

Er wächst wild auf feuchten Wiesen, an Bachufern, in Gräben und im Gebüsch.

Verwendet werden die jungen Blätter (Ernte im Mai) und die Wurzeln (werden im Herbst herausgestochen).

Beinwell schmeckt wie Spinat (herrlich!).

Trocknet man die Wurzel, zerreibt sie und macht einen Brei daraus, heilt der Beinwell Quetschungen, Brüche, Blutergüsse und wunde Stellen. Gleichzeitig kann man auch einen Tee aus den Blättern trinken, so hilft der Beinwell von innen und von außen!

Da fällt mir noch ein: Bei abnehmendem Mond fällt das Wasser. Pflanzen, Hölzer, alles, was viel Wasser in sich trägt, wird trockener. Alles pflanzliche Absterben wird beschleunigt.

Brennessel

Zwei hatten sich ineinander verliebt. Wollten vor den Traualtar treten und sich ein Ja küssen. Wäre es so einfach gegangen, wäre die Geschichte schon wieder vorbei.

Aber sie fängt gerade erst an, und ihr könnt sicher erraten, warum: Ein Vater sagte nein, und der andere wäre froh gewesen, hätte er die Hochzeitsglocken gehört.

Der Brautvater – halt, soweit sind wir ja noch nicht – der Vater des Mädchens war der reichste Bauer des Landes. Sein Wald wurde nur vom Horizont begrenzt, seine Felder lagen wie glitzernde Meere in der Sommerhitze, und in seinen Ställen wohnte so viel Vieh, daß er es aufgegeben hatte, es zu zählen. Alles war im Überfluß vorhanden, fast alles: Es fehlten die Kinder. Er hatte nur eine einzige Tochter. Und die hatte sich nicht etwa den Sohn des zweitreichsten Bauern oder den Sohn des Bankdirektors ausgesucht, sondern es mußte ausgerechnet ein völlig verarmter Königssohn sein.

»Wenn der meinen Hof übernimmt, ist er bald nicht nur ein armer König, sondern auch noch ein armer Bauer. Nein, dieser Lump kommt für dich nicht in Frage.«
Eine traurige Geschichte.

Doch wer liebt, kennt keine Hindernisse und schon gar nicht in Form eines Geldsackes. Der Bräutigam – halt, soweit sind wir ja noch nicht – der arme Prinz hatte noch eine zweite Liebe. Nein, denkt nicht schlecht, seine andere Liebe waren die Pflanzen und Kräuter. Während die Verwandtschaft an anständigen Königshöfen mit edlen Pferden, goldenen Figuren und fremdländischen Gauklern ihre Zeit totschlug, waren dem Prinzen nur der Schloßgarten und seine Bewohner zum Zeitvertreib geblieben. Er kannte jede Pflanze, wußte alle beim Namen zu nennen, woher sie kamen und wozu sie zu gebrauchen sind.
»Ach, ich bin ja so unglücklich«, seufzte das arme, reiche Mädchen, »mein Vater wird uns nie erlauben, zu heiraten.«
»Geduld«, flötete der Prinz, »ich habe bereits einen wunderbaren Plan!«

Das Schnellste, was es auf der Welt gibt, sind

Gerüchte. Der Prinz wußte, daß es keine Stunde dauern würde, bis sein Schwiegervater – halt, soweit ist es ja noch nicht – erfahren würde, was sein Schwiegersohn – halt – ausgeheckt hatte.
»Man erzählt sich«, murmelte ein Mündchen in ein Öhrchen, »aus ganz sicherer Quelle, mit eigenen Augen gesehen, hundertprozentig, daß der Prinz eine Pflanze besitzen soll, die reines Gold wert ist. ***Reines Gold!*** Jawoll!«
Dieser arme Schlucker, dachte der Bauer, das kann nicht sein. Dann müßte er doch Säcke voll Gold besitzen.
»Hört weiter, was man sich erzählt: Diese Pflanze ist so edel, daß nur der ihr Gold ernten kann, dessen Hände noch nie Unrecht getan haben. Die Pflanze erkennt jede Lüge und holt ihren Verbündeten, den Teufel, zu Hilfe, der die unehrlichen Hände verbrennt.«
»Und das Gold?« rief der Bauer ungeduldig.
»Wer die Pflanze richtig zu behandeln weiß, dem fließt das Gold wie Blut, wird immer mehr. Und hört: Ihre Wurzeln sollen wie goldene Dukaten sein.«
»Ja, aber sagt: Warum zeigt er seinen Reichtum nicht und läßt meine arme Tochter und mich in Unwissenheit?«

»Seid Ihr blind?« flüsterte das verschwiegene Mündchen und rückte noch ein Stück näher ans taube Öhrchen. »Seht Euch den Prinzen doch an: Wangen wie ein Kind in der Wiege, die Augen strahlen wie Sterne, und seine Kräfte sollen übermenschlich sein. Sieht so aus, wer arm ist? Seht Euch in den Spiegel! Diese Beschreibung könnte auch auf Euch passen. Und seid Ihr arm?«
Der Bauer sah in den Spiegel und sah tiefe, schwarze Ringe unter stumpfen Augen, graue Wangen und schlaffe Arme, die wie Preßsäcke vom Körper baumelten.
»Ja, ja, du hast wohl recht. So ... sieht ... kein ... Armer aus ...« Ganz überzeugt war der zukünftige Schwiegervater noch nicht, zu unglaublich schien das, was er da gehört hatte. Er nahm sich deshalb vor, den zukünftigen Schwiegersohn auf die Probe zu stellen.
Er spitzte seinen Mund zu einem Mündchen und schickte ein Gerüchtchen auf die Reise, daß irgendein Sterndeuter irgendwann mal vorausgesagt habe, seine Tochter werde mit dem vermählt werden, der eine Pflanze, die reines Gold wert sei, neben das Gutshaus pflanze.

Der Prinz lachte sich halbtot! Sein Schwiegervater – fast war es soweit – war ihm in die Falle gegangen. Schnell lief er in seinen Garten und grub dort seinen mächtigsten Brennesselstrauch aus. »Er wird euch nicht erkennen«, flüsterte er seinen Brennesseln zu. »Er hat euch schon vor langer Zeit von seinem Besitz vertrieben und ausgerottet. Auf reichem Land darf doch kein Unkraut stehen! Hoho!«

»Werter Herr«, begann der Prinz seine Werbung, »die Kunde berichtet, daß der Eure Tochter zur Frau bekäme, der eine Pflanze wie pures Gold neben Euer Haus setzt. Lange konnte ich mein Geheimnis bewahren, doch nun ist der Moment gekommen, es für Euch zu lüften: Ich besitze eine solche Pflanze. Und für Eure Tochter will ich sie Euch schenken.«
»Gut, grab sie nur dort draußen ein«, antwortete der Bauer und ließ sich seine Erregung nicht anmerken. »Dann werden wir schon weitersehen.«
Der Prinz grub seinem Brennesselstrauch dicht am Haus ein Loch, wo nicht allzuviel Licht hinkam.
»Ach, etwas Wichtiges hätte ich fast vergessen«, sagte der Prinz. »Ihr müßt jeden, der keine

unschuldigen Hände hat, davor warnen, meine Pflanze zu berühren. Der Teufel höchstpersönlich wird sie ihm verbrennen. Ihr aber, werter Vater – ich darf doch so sagen –, dürft natürlich jederzeit ihr Gold ernten!«

Kaum war der Prinz auf sein Armenschloß zurückgekehrt, rief der Bauer seine Bediensteten zu sich: »Wer von euch hat reine, unschuldige Hände?«

Etwas empört traten alle einen Schritt vor und hielten ihre Hände hoch: »Ich!« rief ein jeder. »Das habe ich auch von euch erwartet. Ihr geht nun zu dem Strauch vor dem Haus und bringt mir davon ein Blatt. Aber nur eines.«

Es dauerte keine Minute, bis der Bauer ein jämmerliches Geschrei und Gewimmer von draußen hörte, daß ihm ganz angst und bang wurde. »Sapperlot, da scheint was Wahres an der Geschichte dran zu sein.«

Mit dickgeschwollenen, glühendroten Händen kamen die Knechte und Mägde zurück.

»Die Blätter sitzen fest wie angenagelt«, verteidigte sich der eine.

»Sie haben laut gebettelt, nicht abgerissen zu werden, da hab ich mich erbarmt«, rief eine andere.

»Lumpenpack!« schrie der Bauer und holte

seine Peitsche. »Kein einziger von euch hat unschuldige Hände, das ist es!« Und er jagte alle aus seinem Haus.
Natürlich wußte er, daß auch seine Hände nicht gerade die reinsten waren, aber der Gedanke, daß nur ein paar Meter von ihm entfernt eine unerschöpfliche Goldquelle lag, machte ihn fast verrückt.
Sobald die Dunkelheit Haus und Land in ihren schwarzen Sack gesteckt hatte, schlich er zum Busch, um sein Glück zu versuchen. Vielleicht geschieht ein Wunder, hoffte er. Um unentdeckt zu bleiben, war er ohne Licht hinausgegangen – schon sah er die silbrigen Blätter leuchten, die sich sogleich in goldene verwandeln würden, noch ein Schritt … ZACK, KLESCH, gab's ein fürchterliches Gepolter, einen schrecklichen Schrei wie von tausend Teufeln, ein Knacksen und Rascheln – die Knechte und Mägde hatten nach ihrer »Goldsuche« in Panik ihre Schaufeln und Besen und Mistgabeln fallen gelassen, über die ihr Herr beim Anpirschen gestolpert war. Und nun lag er mitten in den Brennesseln!

»Ich habe gehört, werter Schwiegerpapa, daß Euch eine seltsame Krankheit über Nacht ereilt

hat. Hoffentlich, nachdem Ihr meinen Goldstrauch ausprobieren konntet. Und? Seid Ihr zufrieden mit dem Gold?«
»Äh, ja, es geht, es geht. Ich werde es mir überlegen, ob du würdig bist, die Tochter eines Mannes mit so reinen Händen zu heiraten.«
»Überlegt nicht zu lange, es warten viele, die meinen Strauch auch haben wollen!« Der Prinz wollte schon zur Tür hinaus, als er sich nochmals umdrehte. »Übrigens, ich habe euch ein Geschenk mitgebracht.« Und er holte aus seiner Rocktasche einen Strauß junger Brennnesseln. Der Bauer starrte ihn entsetzt und fassungslos an – das Kraut, das ihn gestern nacht so verbrannt hatte! »Oh, danke, zu lieb von dir, aber im Moment sind schon alle Kisten voll mit Gold. Nimm nur du, du brauchst es jetzt, lieber Schwiegersohn, du brauchst es!«
Keine Woche verging, da wurde Hochzeit gefeiert, und der reiche Bauer konnte nicht umhin, seiner Tochter als Mitgift eine Kiste voll Gold, metallenes Gold, zu schenken.
Der Bauer wurde aber dadurch getröstet, daß seine »Goldquelle« hinter dem Haus wuchs und wuchs und wuchs …
Und er ist sicher noch nicht gestorben, denn er trinkt jeden Morgen eine Tasse heißes Gold!

Die Brennessel

»Das wunderbarste Unkraut!« – »Das gesündeste Wildgemüse!« – »Werdet einfach und genügsam und verachtet den Tisch nicht, den euch Gott gedeckt hat!« So lobt man die Brennessel seit dem Tag, an dem sich der erste Mensch daran gebrannt hat. Und was tun wir? Wir trachten ihr heimtückisch nach dem Leben und wollen das »lästige Unkraut« loswerden …

Wo sie wächst, brauche ich dir nicht zu erzählen: überall. Dabei bevorzugt sie die Nähe des Menschen, geradeso als wollte sie uns damit zeigen, wie wertvoll sie für uns ist.

Verwendet werden (vor allem) die jungen Blätter und die Wurzel (von April bis August).

Die Brennessel schmeckt (aber bitte nur junge Blätter oder gekocht kosten) würzig und leicht säuerlich.

Brennesselspinat (oder Suppe) aus den jungen Blättern ist eine Köstlichkeit für jeden Mittagstisch. Brennesseltee bringt im Frühjahr Körper und Geist in Schwung (schau mich an!). Ganz allgemein reinigt das Kraut schlechtes Blut und regt den Stoffwechsel an. Tee hilft bei Magen-, Leber- und Darmbeschwerden. Und wirfst du die Blätter in ein heißes Bad, nimmt der Schnupfen Reißaus – die Elfen schwören darauf, und die würden mich nicht belügen.

Hast du das schon einmal gehört: Wenn du dir etwas vornimmst, eine wichtige Sache auf dich wartet, beginne damit nach Neumond, dann läuft zwei Wochen lang alles wie am Schnürchen – sagt der Alraun, und der muß es ja wissen!

Dill

Als Gott zuerst die Frau und dann den Mann erschuf, hätte er sich nicht gedacht, daß später einmal die Wirtshäuser voller Männer und die Küchen voller Frauen sein würden. Und wahrscheinlich hatte er auch nie geplant, daß die Männer sagen, so ist das, und die Frauen tun, was sie müssen. Gott sah dieses Mißgeschick und beschloß, schnell etwas Neues zu entwerfen, daß diese Ungerechtigkeit beseitigt werde. Er schnipste mit dem Finger, und es gab ein Kräutlein, nur geschaffen für solche Fälle. Und er schnipste noch einmal mit dem Finger, und da gab es Menschen, die dieses Kräutlein finden konnten und auch wußten, wozu es gut war.

So wurde es Brauch, daß die Braut, bevor sie zum Traualtar ging, dem Kräuterweibl einen Besuch abstattete.
Das Kräuterweibl wohnte immer im nächstgelegenen Wald, denn Beton und Glas nahmen

ihm die Kraft, mit den Pflanzen zu sprechen. Auch kümmerte es sich gar nicht um Lacoste und Blue Jeans, es trug abgelegte Kleider, Blätter und Zapfen, und das kleidete es sehr hübsch.

Wenn die jungen Dinger mit glühenden Liebesköpfen zu ihm kamen, wußte es schon, was sie plagte! »Liebe Frau, mein allerliebster Schatz, er ... und ich heiraten doch bald, aber ich weiß nicht ...«

»Alles klar, Mäuschen«, antwortete das alte Weibl und zwinkerte wissend. »Setz dich und beantworte mir einige Fragen. Dann werde ich dir das richtige Kraut schon finden. Also: Geht er ins Wirtshaus?« – »Ja.« – »Kommt spät heim und stinkt aus dem Mund?« – »Ja, kennst du ihn etwa ...« – »Schweig, Kind, ich kenne die Männer. Furzt und rülpst wie nur was?« – »Nun, nicht immer, aber ... ja!« – »Wenn er mal zu Hause sitzt, will er von dir nichts wissen, außer er will sich zu dir kuscheln?« – »Ja, schon, nur ...« – »Ist leicht aufgebracht und ißt nur, was ihm schmeckt?« – »Nein, mach ihn nicht so schlecht ... ja.« – »Und du liebst ihn wirklich?« – »Nach alldem, was Ihr mich da gefragt habt und was ich geantwortet habe, weiß ich es nicht mehr so recht ... Doch, ja, ich liebe ihn!«

»Gut, mein Kind, du hast Glück. Für diesen Kerl brauchen wir nur ein gewisses Kräutl. Komm.« Das Kräuterweibl nahm das Mädchen bei der Hand, führte es ins hohe Gras, durchs Dickicht, unter junge Föhren, bis das arme, hübsch herausgeputzte Kind schon ganz zerzaust aussah. Endlich kamen sie auf eine weite Lichtung, die die Sonne goldgelb angepinselt hatte. Es roch unwahrscheinlich nach Wald, und trotzdem gelang es einem Geruch, sich durch alle anderen hindurch zur Nase vorzukämpfen.
»Hier finden wir dein Zauberkraut!« Das Kräuterweibl bog das hohe Schilfgras zur Seite und zeigte auf ein hohes Kraut mit gelben Blüten und zarten, grünen Blättern.
»Lieber Dill, ich bringe dir wieder so ein armes Wesen, das in wenigen Tagen von so einem rauhen Burschen zum Traualtar geschleppt werden wird. Du mußt ihm bitte helfen!« Es murmelte einige unverständliche Worte, wiegte den Kopf dreimal nach rechts, dreimal nach links, dreimal in den Nacken und dreimal nach vorne.
Dann ging das Weibl rückwärts auf das Kraut zu und schnitt zwischen den Beinen hindurch den Dill. »Ich danke dir, Dill, daß du uns helfen willst.« Die sieben abgeschnittenen Stempel

schwang es über seinem Kopf und überreichte sie dann dem Mädchen, das vor Staunen den Mund weit offen hielt.
»Höre, wenn du dich auf den Weg zur Kirche machst, lege ein Zweiglein in deine Schuhe. Den ganzen Weg murmle: Ich hab Hirn und hab Dill, mein Mann muß machen, was ich will! Vergiß aber nicht das JA – sonst war alles umsonst. Normalerweise müßte er dann brav wie ein Lämmchen sein, aber höre: Stinkt er wieder mal aus dem Mund, laß ihn die Körner des Dill kauen. Will er dich nicht küssen, koch ihm einen Tee aus den Samen. Rumpelt ihm der Magen und das Gedärm, als hätte Luzifer Geburtstag, muß er einen Tee aus den Blättern trinken. Und will er nicht das essen, was du ihm auf den Tisch setzt, würze die Speisen mit den feinen Stengelchen. Glaub mir, es hilft!«

Und so ist es bis heute geblieben ... Probier es aus!

Der Dill

wurde schon in der Bibel als wichtiges Gewürz erwähnt. Karl der Große machte es in unseren Breiten bekannt, denn er ließ es überall auf seinen Besitzungen anbauen.

Die ursprüngliche Heimat des Dill war der Vordere Orient. Heute wächst er in jedem Gärtchen mit feuchter Erde, am liebsten an sonnigen Plätzen. Er freut sich aber auch über eine Topfwohnung, die auf einer Fensterbank steht.

Verwendet werden die Samen (im April), die Körner (von Juni bis September) und natürlich die feinen Stengelchen, die den ganzen Sommer über geerntet werden können.

Während der Blütezeit schmeckt der Dill am intensivsten (besonders gut für Gurken, Mayonnaisen und für Fischgerichte). Auf der Zunge spürt er sich zuerst leicht scharf, dann aber friedlich süß an.

Aus dem Dillsamen bereitet man einen Tee, der dich herrlich schlafen läßt. Gekaute Dillkörner geben frischen Atem, und die alten Ägypter aßen Dill, wenn sie Kopfschmerzen hatten.

Übrigens: Bei zunehmendem Mond steigt das Wasser (in jedem Organismus, am deutlichsten siehst du es am Meer – Ebbe und Flut), die Zellen teilen sich häufiger, die Keimung der Pflanzen geht schneller voran. Und den Feen und Boskabautern fällt es leichter und leichter, sich sichtbar zu machen…

Eberraute

Als der Zottel gefangen wurde, herrschte die größte Aufregung im Dorf seit Menschengedenken. Klar, ihr wundert euch nicht, ihr kennt ja das gute Tier, aber die Sankt Johanner hatten nie davon gehört und dachten, den Leibhaftigen selbst gefangen zu haben. Die langen Zotteln, der Körper wie ein Wildschwein und dazu dieser eigenartige Höcker auf dem Rücken wie ein Kamel – sein Anblick war schon zum Fürchten!

Die Kinder kreischten, die Frauen fielen in Ohnmacht, und die Männer hielten Rat. Nach ein paar Tagen bemerkte man, daß das Vieh auf der einen Seite seine Zotteln verlor. Noch war nicht klar, ob es sich um vorn oder hinten handelte, ob das Gesicht oder das Hinterteil zum Vorschein kommen würde. Doch bald wurde eine Nasenspitze sichtbar, dann blitzte auch ein Kinn hervor.

Am siebten Tag nach Ausfall der ersten Zotteln fand man den Förster, der jeden Morgen nach dem Tier Nachschau hielt, leblos am Boden vor dem Käfig liegen. Als er erwachte, stammelte er immer wieder: »Mein Gesicht, mein Gesicht!«

Die Leute verstanden nicht, begriffen nur, daß es etwas mit dem Zottel zu tun haben mußte. Sie öffneten den Schuppen und piekten das Vieh so lange mit einer Stange, bis es sich umdrehte. Da wären auch sie fast in Ohnmacht gefallen: Der Zottel hatte im Gesicht alle Haare verloren und … es war zu unglaublich … er trug das Gesicht des Försters, sah aus wie sein Zwillingsbruder!

Die Männer eilten an das Krankenlager zurück, um sich zu vergewissern, daß sie sich nicht geirrt hatten – nein, dort lag noch immer der Förster und sah aus wie immer, nur daß einige Meter entfernt in einem Schuppen ein Tier saß, das ihm aus dem Gesicht geschnitten war …

Bald standen alle Sankt Johanner beisammen. »Ihr seid wahrscheinlich betrunken«, sagten die neu Dazugekommenen. »Wir werden selbst nachsehen.«

Was war denn das? Nun hatte der Zottel ein Gesicht, das sich aus allen Gesichtern, die vorhin bei ihm waren, zusammensetzte. So wech-

selten seine Züge, die Augen, die Nase, Falten und Kinn, je nachdem, wer ihm gerade in die Augen blickte.
Was die Sankt Johanner nicht wußten, weißt ja du: Das Gesicht des Zottels ist ein Spiegel, der das wahre Gesicht zeigt. Sperrt man ihn ein, verliert er die Zotteln, die diesen Spiegel verbergen.

Nun wollten die Leute aus dem Dorf dieses schreckliche Tier so schnell als möglich wieder loswerden, was verständlich war – wer schaut schon gern in einen solchen Spiegel? Aber wie sollten sie das anstellen – keiner wollte mehr den Schuppen betreten, in dem sie den Zottel gefangenhielten. »Die Krautbratz!« rief plötzlich einer. »Die soll das Viech verschwinden lassen!«
Die Krautbratz war ein altes Weibl, das vom ganzen Dorf seit jeher verachtet wurde. Manche meinten, sie sei eine Hexe, weil sie über Kräuter und viele andere Geheimnisse Bescheid wußte.
»Da schlagen wir zwei Fliegen mit einer Klappe«, sagte einer. »Wir werden sehen, was sich im Gesicht zeigt, ob sie wirklich eine Hexe ist. Und zweitens wird sie uns das grau-

sige Tier vom Hals schaffen, weil sie sowieso viel zu dumm ist, um irgend etwas zu verstehen.«

Der Bürgermeister und der Pfarrer marschierten zur Bretterbude im Wald, wo die Alte wohnte, und riefen scheinheilig: »Krautbratz, wir wollen dir ein Geschenk machen, weil wir doch so lange schlecht zu dir gewesen sind.«

In ihrer Gutmütigkeit dachte das alte Weibl wirklich, daß nun der Tag der Vergebung gekommen wäre und ging bereitwillig zum Schuppen mit.

Vorsichtig öffneten sie die Tür, und da lag der Zottel mit dem Gesicht des Fleischhauers – so abscheulich, daß einem Hören und Sehen verging.

Der Pfarrer schob das Weibl hinein, bekreuzigte sich und schloß schnell die Tür. Nichts rührte sich, kein Laut war zu hören. Zehn Minuten, dreißig Minuten, zwei Stunden waren vorüber – nichts.

»Sie wird vor Schreck über ihr Gesicht gestorben sein«, murmelten einige. Da ging plötzlich die Tür auf und die Krautbratz trat heraus. Schnell schauten die Leute in den Schuppen, wo der Zottel seelenruhig stand. Und konnten nicht glauben, was sie sahen: Er trug ein wun-

derbares, junges Gesicht, schöner als irgend etwas, was die Leute je zuvor gesehen hatten.
»Ich gehe nur schnell nach Hause und hol dem armen Zottel was zu fressen«, krächzte die Krautbratz und schlurfte an der fassungslosen Menge vorüber. Wenig später kam sie zurück, trug einen Korb mit Kräutern bei sich und verschwand wieder im Schuppen. Eine Stunde verging, noch eine, es wurde finster, und ins schwarze Leintuch schnitt der Mond ein ordentliches Loch. Mit den ersten Sonnenstrahlen rührte sich etwas, langsam öffnete sich das Tor, und heraus trat das Kräuterweibl, und neben ihr trottete der Zottel.
»Die Zotteln!« raunte die Menge – vorn und hinten, oben und unten war wieder alles mit dichten Zotteln bedeckt und kein Gesicht mehr zu sehen.
Die Sankt Johanner schauten den beiden nach, bis sie im Wald verschwunden waren.
Das war das letztemal, daß man den Zottel in Sankt Johann gesehen hatte, und auch die Krautbratz blieb von diesem Tag an verschwunden.

Neben dem Käfig fand man ein paar Stengel und graugrüne Blätter. Der Dorflehrer holte ein Buch und sagte, nachdem er lang darin geblättert hatte, daß es sich nur um die Eberraute handeln könnte. Die Leute im Dorf nannten das Kraut seit diesem Erlebnis mit dem Zottel aber nur noch »Gesichtskraut«. Und obwohl sie sich davon jeden Tag einen Tee brühten, kehrten ihre unschuldigen Gesichter nie mehr zurück.

Die Eberraute

ist ein altes Heilkraut – leider wird es nur noch von den letzten »Kräuterhexen« als solches gebraucht. Früher, als der Glaube stärker als manche Medizin war, legte man zum Beispiel Kleinkindern Zweige der Eberraute unter das Kopfkissen, um ihren Schlaf zu beschützen. Alte Frauen steckten sich einen Zweig an ihr Sonntagskleid, um die lange Predigt heil überstehen zu können – der starke Zitronengeruch der Eberraute hielt sie munter!

Die Eberraute kam aus Asien und Südeuropa zu uns. Sie liebt sonnige und windgeschützte Plätzchen.

Verwendet werden die Blätter samt den Zweigen (Ernte während des ganzen Sommers).

Es bleibt ein bitterer Nachgeschmack. Dafür duftet sie herrlich frisch zitronig!

Dadurch, daß die Eberraute heute ihre Bedeutung in der Volksmedizin verloren hat (appetitanregend, stimulierend), blieben nur alte Weisheiten übrig: »Willst du schönes Barthaar, nimm zwei Handvoll frische Eberraute, ein wenig Honig, ein wenig Wasser, mischen, über Feuer kochen, den Bart bestreichen, einreiben, und du gewinnst schönstes Barthaar!«

Höre: Es kann ja sein, daß der Baum oder Strauch oder das Kraut nicht am rechten Platz steht. Wenn du also mit der Schaufel ausrückst, um zu versetzen, was zu versetzen ist, dann tu es um Mondes willen nur bei abnehmendem Mond. Denn die dünner werdende Sichel treibt das Wasser in die Wurzeln!

Estragon

Die Wahrheit ist: Die großen Drachen starben aus, weil die Jungfrauen sich nicht mehr verfüttern lassen wollten.
Die Menschen atmeten auf.
Plötzlich tauchte ein winzig kleiner Drache auf, kaum größer als ein Dackel, aber er benahm sich wie seine großen Vorfahren. Er raste auf seinen Stummelbeinchen durch die Dörfer, immer auf der Suche nach etwas Freßbarem – so sah es zumindest aus.
Die Wahrheit ist: Drachen waren von Beginn ihres Erdenlebens an Vegetarier. Sie fraßen Blätter, Blüten, Rinden und Pilze. Die Menschen aber verlachten die großen Viecher, weil sie grüne Blättchen fraßen, und trieben dumme Späße mit ihnen. Solange, bis es den Drachen reichte und sie sich wehrten. Sie husteten den Menschen etwas, das heißt, sie spien ein bißchen Feuer, versengten dabei Haarschöpfe oder brannten auch mal ein kleines Dorf nieder.

Und weil die Menschen aus kleinen Feuerchen gern riesige Brände machen, entstanden wilde Geschichten über schreckliche Drachen.
Auch die Geschichte mit den Jungfrauen verhielt sich natürlich ganz anders: Die Drachen dachten, reine, unschuldige Wesen würden sie verstehen, würden ihr zartes Wesen erkennen, und deshalb verlangten sie mit Vorliebe nach jungen Damen. Die Drachen hatten recht: In den meisten Fällen verliebten sich die Mädchen in die großen Tiere und blieben freiwillig bei ihnen. Äußerst selten kam es vor, daß durch heftiges Küssen und Umarmen eine Jungfrau verstarb – im allgemeinen waren die Drachen trotz ihrer Größe sehr zärtlich und behutsam.
Nun also ist die Wahrheit über den Verbleib der großen Drachen ausgesprochen.
So wundert es nicht, daß ihre Nachfahren, die Dackeldrachen, nicht nur zwergenhaft, sondern auch von schlechter Gesundheit waren. Besonders eine Krankheit machte ihnen zu schaffen: Sie litten unter ständigem Schluckauf. Alle sieben Sekunden schoß ein Feuerstrahl, winzig wie ein Streichholzflämmchen, aus dem Maul, und ihre Körper hoben bei jedem »Hicks« ein bißchen vom Boden ab.

Wenn der Dackeldrache vor lauter Bauchgrimmen und Halsbrennen durch die Dörfer raste, sah es wirklich furchterregend aus. Er bewegte sich ja nicht nur vorwärts, sondern durch den Schluckauf auch nach oben. Und der Grund seiner Raserei war nicht etwa ein Biß in die Waden der Menschen, sondern die Suche nach Hilfe.
Aber alle liefen sofort in ihre Häuser und ließen sich nicht mehr blicken.

Der Dackeldrache hatte in einem sehr alten Buch, einem Erbstück einer Urgroßtante, die noch ein richtig großer Drache gewesen war, über einen »wahren Freund« des Drachengeschlechts gelesen. Von allen Kräutern, Blättern, Wurzeln war ihnen der Estragon am liebsten. Drachen liefen Hunderte Kilometer für ein Stengelchen des feinen Estragons. Es war ihr höchster Genuß, daran zu lutschen, ihn zu kauen, ja sie flochten sogar Kränze daraus und hängten sie sich um die Ohren. In dieser Geschichte stand auch, daß der Estragon das allerbeste Mittel gegen die typische Drachenkrankheit war: den Schluckauf!
»Dieses Kraut – hicks – muß ich unbedingt – hicks – haben«, rief der winzige Drache. Aber

wo sollte er es finden? Schon seine Mutter hatte nichts mehr darüber gewußt und war im blühenden Alter von dreihundertsiebenundvierzig Jahren jämmerlich an Schluckauf zugrunde gegangen. So raste der Dackeldrache über das Land, immerzu auf der Suche nach Estragon.

Einmal stand er wieder ganz armselig vor einer verschlossenen Tür und brüllte und spie Flämmchen und hickste und hopste, als ein Fenster aufging und ihm ein Topf mit irgendeiner Suppe auf den Kopf geworfen wurde. Soweit war es mit dem stolzen Geschlecht der Drachen also schon gekommen! Die Suppe rann überall an dem Dackeldrachen herunter, es war ein erbärmlicher Anblick. Notdürftig säuberte er sich mit der langen Zunge den stacheligen Rücken, den gepanzerten Schwanz, das Gesicht und trottete kleinlaut davon. Trottete dahin, bis ihm plötzlich auffiel ... »Ich muß ... ja nicht ... mehr hicksen! Mein Schluckauf ist weg!«

Inzwischen waren die Leute aus ihren Häusern gekommen und beglückwünschten die tapfere Frau, die den Drachen mit der Kohlrabisuppe

besiegt hatte. Sie freuten sich aber zu früh, denn der Dackeldrache kam ins Dorf zurückgeschossen, feuriger, lauter, schneller als je zuvor! Er bremste bei dem Haus, vor dem der Suppenüberfall stattgefunden hatte, und untersuchte die Reste der Suppe. Er fand feingeschnittene Blättchen: »Das muß der Estragon sein!« jubelte er, daß die Fenster und Türen wackelten und die Leute vor Schreck erstarrten, welche Kraft in diesem Minidrachen steckte.
»Gebt mir das Kraut!« brüllte er mit schrecklich verstellter Stimme. »Dann lasse ich euch für immer in Ruhe!«
Nun wollte es das Schicksal, daß in eben diesem Haus eine Hochzeit bevorstand. »Die Braut will er, hört ihr, die Braut!« jammerte die Familie.
»Das Kraut, aber sofort, sonst hole ich meinen großen Bruder, und der wird euer Dorf zermalmen!«
»Wenn wir ihm nicht die Braut geben, wird großes Unglück über unser Dorf kommen.« Und sie schoben die verängstigte Braut bei der Tür hinaus und wünschten ihr viel Glück.
Aber statt sie auf der Stelle zu fressen, kam der Dackeldrache ganz nah an sie heran und schmiegte sich an die hübschen Beine:

»Bringst du mir das Kraut?« säuselte er.
»Nein, ich bin die Braut.«
»Wie bitte, du bist Estragon?«
»Nein, ich heiße Helene.«
»Wieso Helene?«
»Wieso Estragon?«
So wäre es wahrscheinlich noch eine ganze Weile hin und her gegangen, wäre dem Drachen nicht plötzlich ein seltsamer Duft in die Nase gefahren. Er schnupperte, der Duft führte ihn unter den Rock der Braut, bis knapp übers Knie, wo im Strumpfband ein Büschel Blätter hing.
»Was is'n das?« fragte der Dackeldrache.
»Das ist ... äh, wie soll ich sagen ...« stotterte Helene und getraute sich nicht mit der Wahrheit heraus. Es war nämlich ein altes Zaubermittel, sich Estragonbüschel unter den Rock zu hängen, als Schutz gegen ... Drachen. Als Helene endlich sagte: »Das ist Estragon«, schlug der Minidrache vor Freude einen Salto und klatschte in die Pfoten!

Von diesem Tag an bekam er einmal in der Woche ein riesiges Büschel Estragon, hatte nie wieder Probleme mit Schluckauf und wurde der allseits geliebte Dorfdrache.

Der Estragon

Man nennt ihn auch Schlangen- oder Drachenkraut, weil er gegen Schlangenbisse oder ungemütliche Zusammentreffen mit Drachen (auch Dackeldrachen!) helfen soll – glaubten unsere Vorfahren.

Er wächst an sonnigen, windgeschützten Plätzen (auch im Topf natürlich) und verbreitet sich sehr schnell durch unterirdische Ausläufer.

Verwendet werden die Blätter, die man während des ganzen Sommers pflücken kann (Estragon ist übrigens eine winterharte und mehrjährige Pflanze).

Beliebt wegen seines feinen Aromas (er enthält Anis) – Estragonsenf!

Ein sehr beliebtes Küchenkraut. Die kräuterkundigen Hausfrauen und Hausmänner wußten (wissen?) auch warum: Ein hoher Gehalt an Mineralstoffen und Jod wirkt wohltuend auf den Magen und den Darm. Ideal für salzarme Diät. Ein Tip: bei Schluckauf frische Estragonblätter kauen.

Was ich noch erzählen wollte: Saftiges Obst, wie Pfirsiche, bestimmte Sorten von Äpfeln, Orangen, aber auch safthaltiges Gemüse erntet man knapp vor Vollmond. (Erdbeeren zum Beispiel besser knapp vor Neumond – dann sind sie nicht wäßrig.)

Fenchel

Wenn die Sonne keine Lust zum Schlafen hat und der Mond fast gewaltsam von der Himmelsbühne verjagt werden muß, öffnen sich überall die Baumtüren und Felstore, und heraus schwärmen die Elfen und Boskabauter. Zu dieser Zeit gibt es für sie nichts Wichtigeres, als sich auf die Suche nach Fenchelsamen zu machen. Fenchelsamen ist die absolute Lieblingsspeise dieser Wesen, sie fliegen Hunderte Kilometer für ein Säckchen voll dieser Köstlichkeit. Die besten Plätze, warme, sonnige Stellen an Lichtungen, werden als Familiengeheimnis an die Kinder weitergegeben.

»So ein Glück«, lachte die Elfe, als sie in ihr Baumhaus zurückgekehrt war. »Soviel Fenchel habe ich schon lange nicht mehr gefunden.« Kaum hatte sie es sich bequem gemacht und zur Feier des Tages zwei oder drei Samen geknackt, als sie plötzlich lautes Weinen hörte. Auf der Wurzel ihres Baumes saß ein Menschenkind und schluchzte.

»He, Menschenkind, was gibt es denn so Schreckliches?« rief die Elfe. (Elfenworte hört man nicht mit den Ohren, sondern mit dem Herzen, und so antwortete das Kind, als hätte es sich die Frage selbst gestellt.)

»Meine Schwester fliegt und... Und mein Vater hat gesagt, wenn sie damit nicht sofort aufhört, flößt er ihr schreckliche Medizin ein – diese Schande erträgt er nicht mehr!«

»Deine Schwester kann fliegen?« rief die Elfe erstaunt.

»Die Arme hat solche Blähungen, daß sie abhebt und davonschwebt. Sie kann essen, was sie will, zwei Stunden später fliegt sie.«

Die Elfe mußte lachen – sie hatte schon gedacht, der kleine Mensch wollte es ihr gleichtun.

»Warte, Menschenkind, ich kann dir helfen!« Aus ihrem Haus holte die Elfe schnell ein Säckchen köstlichsten Fenchelsamen. »Und ich habe mich so darauf gefreut ...« seufzte sie und ließ den Fenchel in die Hände des Kindes fallen.

»Wo kommt denn das her?« erschrak das Kind.

»Mach deiner Schwester einen Tee davon.«

»Das sieht so aus, als könnte ich meiner Schwester einen Tee daraus machen. Vielleicht hilft es – ein Geschenk des Himmels!«

Und wie es half! Das Kind stieg mit einer Leiter zur schwebenden Schwester hoch, flößte ihr den Tee ein, und mit lautem Geknatter landete sie auf der Erde, und alle jubelten!
Einige Tage später wurde die Elfe durch lautes Schluchzen aus dem Schlaf gerissen. Unten auf der Wurzel saß wieder das Kind ...
»Was ist jetzt?« rief die Elfe ein wenig ungehalten. »Fenchelsamen hab ich keine mehr!«
»Ach, meine Schwester verhüllt Tag und Nacht ihr Gesicht mit einem Tuch. Mein Vater ist schrecklich wütend und will sie aus dem Haus jagen.«
»Warum tut sie das?« wunderte sich die Elfe.
»Der Armen wachsen über Nacht tausend Pikkel und Pusteln im Gesicht, daß sie sich nicht mehr getraut, unter die Leute zu gehen.«
Wieder verschwand die Elfe in ihrer Behausung, nahm eine Packung reifer Fenchelfrüchte aus ihrer Vorratskammer und warf sie dem Kind in den Schoß.
»Das muß ein Zauberbaum sein«, jubelte das Kind. »Aus diesen Früchten brau ich meiner Schwester wieder einen Tee.«
»Halt, nicht so voreilig«, antwortete die Elfe schroff, »daraus kochst du ihr keinen Tee, sondern du legst die Früchte für zwei Tage in kal-

tes Wasser. Dann soll sich deine Schwester damit waschen.«

Das Kind war recht verwundert, was ihm alles im Kopf herumging, während es unter diesem Baum saß.

»Egal, wenn es nur hilft – ich danke dir, Baum«, murmelte es und rannte nach Hause.

Ein paar Tage später warf die Schwester das Tuch in eine Ecke und war so schön wie nie zuvor!

»Nun wird wohl Ruhe sein«, seufzte die Elfe und betrachtete mit Sorge ihren Fenchelvorrat, der arg zusammengeschrumpft war.

Aber keine Woche war vergangen, da dröhnte schon von weitem ein jämmerliches Heulen durch den Wald.

»Lieber Baum, hilf mir bitte! Ich habe etwas Schreckliches angestellt! Ich habe an den Bienenstöcken meines Vaters herumgespielt, und jetzt sind alle Bienen ausgeflogen und schon seit Tagen fort!«

Das gibt es doch nicht, dachte die Elfe. Langsam verzweifle ich! Warum können es nicht Katzen sein? – Baldrian wächst überall!

Aus ihrer Schatzkiste holte sie eine Dose mit Fenchelkraut und warf, nein, schleuderte sie dem Kind in die Arme.

»Oh, du lieber guter Baum«, jubelte das Kind, »schon wieder ein Geschenk. Tee oder Wasser?«

»Keines von beiden«, brummte die Elfe. »Du mußt das Kraut hacken, in Öl legen und damit bei Neumond die Bienenkörbe deines Vaters bestreichen. Dann habt ihr eure Bienen wieder!«

»Was mir alles in den Sinn kommt, wenn ich hier sitze, ist toll!«

Und wirklich – am ersten Tag nach Neumond waren alle Bienen in ihren Stock zurückgekehrt!

Und die Elfe saß in ihrem Baumhaus, das noch ein bißchen nach Fenchel roch …

Der Fenchel

gehört zu den ältesten Gewürz- und Heilkräutern (er wurde schon auf Papyrusrollen der alten Ägypter erwähnt). Man nennt ihn auch Kinderfenchel, wegen seiner beruhigenden Wirkung, vor allem bei Blähungen. In früheren Zeiten galt der Fenchel als Symbol des Erfolges (warum, siehe unten).

Wild kommt der Fenchel bei uns nur sehr selten vor, er bevorzugt warme Gegenden und auch im Gemüsegarten sonnige Stellen.

Verwendet werden die reifen Früchte (Auspflanzen im April, Blüte von Juli bis August, Ernte im September, Oktober) und die Samen.

Fenchel schmeckt würzig und sehr aromatisch.

Fenchelgemüse ist eine Köstlichkeit. Fenchelsamen ist ein wichtiges Brotgewürz (leichte Verdaulichkeit!), Fencheltee (aus den Samen) bei Blähungen. Er wirkt magenstärkend, beruhigend und vertreibt deshalb zum Beispiel Kopfschmerzen, die durch schlechte Verdauung verursacht werden. Fenchelwasser für überanstrengte Augen, aber auch gegen unreine Haut. (Gute Augen, gute Verdauung, reine Haut – Zeichen eines »Erfolgsmenschen« – deshalb ist (war) Fenchel ein Symbol für Erfolg!) Übrigens: auch Bienen lieben Fenchel...

Achtung: Schlechte Nachrichten für Friseure: Läßt du dein Haar am Beginn des abnehmenden Mondes (also knapp nach Vollmond) schneiden, wächst dein Haar langsamer, und du brauchst erst eine Woche später (oder mehr) zum Friseur gehen!

Hagebutte

Versteckt hinter hohen Bäumen lag ein altes Landhaus. Am Zaun entlang wuchsen Büsche, ein Hollerbaum und ein großer Rosenstrauch. Gleich daneben hatte sich auch eine Heckenrose niedergelassen.
Die Zierrose war ein hochmütiges Geschöpf, stand kerzengerade in ihrem Beet und blickte voll Verachtung auf alle anderen herab.
Ihre Nachbarin, die Heckenrose, war ihr ein besonderer Dorn in der Blüte: Sie empfand es als Unverschämtheit, daß dieser gewöhnliche Strauch denselben Namen trug wie sie. Wenn sie überhaupt mit ihrer Verwandten sprach, dann nur darüber, wie begehrt sie selbst sei und daß sicherlich höhere Aufgaben auf sie warteten.
Die Heckenrose spürte dieselbe Sonne, hörte dieselben Vogelstimmen und trank von demselben Regen. Sie konnte die Überheblichkeit der Rose nicht verstehen und versuchte oft mit ihr ins Gespräch zu kommen.

»Verzeihen Sie, aber ich habe zu tun.« Und damit war die Unterhaltung beendet.
Eines Tages zog eine Familie mit einem kleinen Kind in das Landhaus.
»Sieh nur, was für schöne Rosen!« rief eine Frauenstimme und kam näher. »Du darfst dir eine Rose mit ins Haus nehmen.« Ein Kind trat an den Strauch heran und schnitt eine Blüte ab.
»Oh, du armes Ding«, schrie die Heckenrose auf, »wie kann ich dir nur helfen!« – »Wieso arm, wieso helfen?« wehrte die Rose ab und ertrug stolz den Schmerz. »Ich blühe nur zu gern im Haus. Brauche mich mit keinem Regen mehr abzugeben, sondern bekomme sogar eigenes Wasser. Muß nicht mehr mit dem Wind kämpfen, sondern brauche nur noch zu duften. Ein herrliches Leben, Adieu!«
Von nun an kam das Kind oft in diese Ecke des Gartens, stand vor dem Rosenstrauch, spielte mit den Blättern und Dornen und schnitt manchmal auch eine der roten Rosen ab.
Die Heckenrose mit ihren hellroten Blüten beachtete es gar nicht.
Der Sommer wartete schon auf das Eintreffen des Herbstes. Der Rosenstrauch trug nur noch einzelne Blüten, die Heckenrose hatte sich mit Hagebutten kräftig rot geschminkt.

»Sehr aufdringlich sind Ihre roten Früchte«, schimpfte die Rose. »Sie glauben wohl, damit Aufmerksamkeit zu erregen! Pah! Ich freue mich schon auf das warme Haus. Mir wird es langsam zu kalt hier draußen. Bald wird das Menschenkind kommen, mich zu holen.«

Aber das Menschenkind kam nicht.

Die Herbststürme brachten Regen und Donner. »Ich hoffe, sie kommen bald, lange kann ich meine Schönheit nicht mehr für sie bewahren.« Nur noch eine einzelne Rose streckte der Strauch dem Wetter entgegen. Mit schon schwacher Stimme sagte die Blüte: »Der Mensch wird wohl warten, bis nichts mehr blüht, um mich ganz für sich zu haben.« Dabei vermied sie es, einen Blick zur Seite zu werfen, wo die Heckenrose, über und über mit Hagebutten geschmückt, stand.

»Ja, ich hoffe auch, daß man dich bald holt«, sagte die Heckenrose, denn ihre stolze Nachbarin tat ihr leid.

Aber das Kind kam nicht.

Dafür kamen die ersten Schneeflocken. »Früh in diesem Jahr«, wisperte die Rose, die nur mit allerletzter Anstrengung ihre Blütenblätter zusammenhielt. »Aber ich weiß ja, wofür ich kämpfe.«

Da waren Schritte zu hören. Die Frau kam. »Ich habe es ja gewußt, sie kommt mich holen!« rief die Rose und richtete sich auf. Und ... wurde noch einmal schön!

»Wie seltsam«, sagte die Frau und nahm den dunkelroten Rosenkopf in ihre Hand. »Eine Rose um diese Zeit?« Dann ließ sie den Kopf los und wandte sich zur Heckenrose.

»Mein armes Kind«, sagte sie, während sie die Hagebutten einsammelte, »mein armes Kind ist krank. Du mußt mir helfen, damit es wieder zu Kräften kommt.« Und sie trug die reifen, roten Früchte ins Haus und bereitete ihrem Kind einen kräftigen Tee. Als sie aus dem Fenster schaute, um die letzte Rose zu bewundern, sah sie, daß sie verwelkt war ...

Die Hagebutte

nennt man auch Hundsrose, weil die Römer davon überzeugt waren, sie könnte den Biß tollwütiger Hunde heilen.

Hagebutte wächst wild an Waldrändern, Hecken und in Gebüschen.

Verwendet werden die leuchtendroten, reifen Scheinfrüchte, die in ihrem Inneren Borstenhaare (die sich herrlich als Juckpulver verwenden lassen…) und Nüßchen (das sind steinharte, kleine Früchte) tragen. Man verarbeitet die Scheinfrüchte mit oder ohne »Nüßchen« oder auch nur die Nüßchen allein. Reife: im Herbst. Die Blätter und Blüten haben ihre stärkste Kraft ab Juni.

Du hast sicher schon einmal Hagebuttentee getrunken: erfrischend und leicht säuerlich.

Die Hagebutte erhöht die Abwehrkräfte und erquickt Fieberkranke durch ihren hohen Gehalt an Vitamin C. Frisch vom Strauch gepflückte und roh gegessene Hagebutten sollen den Bandwurm vertreiben – ich habe es noch nicht ausprobiert. Der Tee von Blättern und Blüten ist blutreinigend. Und eine Hagebuttenmarmelade (auch gemischt mit anderen Früchten) ist eine herrliche Speise!

Achtung! Gute Nachricht für Beatles und angehende Glatzköpfe: Schneidet man die Haare am Beginn des zunehmenden Mondes (also knapp nach Neumond), wächst das Haar schneller und vor allem dichter!

Holunder

Der Wolf hatte ihm alle seine Schafe gefressen. Da ging der Schäfer auf Wanderschaft. Den Bach entlang, der Nase nach und manchmal mit dem Lauf der Sonne.
Doch es kam alles ganz anders.
Auf seinem Weg kommt er an einem Haus vorbei. Ein Mann steht vor einem kleinen Baum, eine Axt in der Hand.
»Du kommst mir nicht mehr wieder!« brüllt er und holt aus. Nur eine Sekunde lang bleibt der Arm oben, und in dieser Sekunde geschieht es: Der Schäfer ohne Schafe hört ein Rufen – hoch und fein, keine Stimme, wie ein Schwingen in der Luft: »Hilf mir, du sollst es nicht bereuen!« Er sieht, wie der Arm mit der Axt nach unten saust, und er schreit: »HALT!«
Die Axt fährt in die Erde.
Der Mann sieht böse auf – Wer hat ihn bei der Arbeit gestört? – und ruft: »Was soll denn das?«
»Ich nehme den Baum«, sagt der Schäfer ohne Schafe.

»Was willst du damit, du Tölpel?« lacht der Mann. »Der wächst dir über die Ohren.«
»Ich nehme ihn, leih mir eine Schaufel.« Und er gräbt den Baum sorgsam mit allen Wurzeln aus und macht sich wieder auf den Weg. Lange noch hört er das Lachen des Mannes hinter sich.

Den Bach entlang, der Nase nach, manchmal mit dem Lauf der Sonne. Vorbei an Häusern, Kirchen, Menschen hütet er den Baum, gibt ihm alle Stunden zu trinken.
In einem Dorf begegnet er dem Trommelmann: »Hört ihr Leute! Holt das Schwarz aus euren Truhen. Der König liegt im Sterben.«
»Was hat er denn?« fragt der Schäfer mit dem Baum.
»Sein Wasserfall steht still – sein Fluß staut sich und droht das Land zu überschwemmen.«
»Wie? Welcher Wasserfall?« Und der Schäfer sucht mit den Augen das Land nach einem ab.
»Aber nein«, flüstert das Volk, »du Dummer, verstehst du nicht? Der König kann nicht aufs Klo – zu, verstopft!«
»Beileid«, wünscht der Schäfer und will weiterziehen, bevor ihn Trauerzüge stören. Da hört er ein Rufen – hoch und fein, keine Stimme,

wie ein Schwingen in der Luft: »Schneide die Wurzel, und gib ihm davon zu trinken.«

»Halt!« ruft der Schäfer mit dem Baum. »Sag dem König, ich werde ihm helfen!« Die Leute lachen, doch er schneidet die Wurzel, gibt sie in Wasser, bis es sich braun färbt.

Der Zustand des Königs ist hoffnungslos, und so trinkt er den Saft des Schäfers ohne Schafe mit dem Baum.

»Wenn er stirbt, verlierst du den Kopf!« rufen die Leute. Doch nach zwei Tagen rufen sie: »Hoch der Schäfer!« Denn das Brünnlein des Königs fließt wieder.

»Sag, was du dir wünschst«, befiehlt der König, »Juwelen, Gold, Pferd oder Schiff.«

»Nein«, sagt der Schäfer, »Erde für meinen Baum.« Alle lachen über den dummen Kerl.

»Gebt ihm ein Stück Land für seinen Baum.«

Es ist ein schönes Stück Land, auf das er seinen Baum pflanzt. An dem Tag, an dem die Sonne am höchsten steht, schläft der Schäfer unter einem Dach aus feinen, weißen Blüten. Da hört er wieder den Trommelmann aus weiter Ferne rufen: »Hört ihr Leute! Heute bekamen die Hauslöwen des Königs etwas Besonderes gekocht: den Koch des Königs! Der König ist außer sich! Keine Speise will ihm schmecken, keine Speise ist ihm recht. Köche, kommt aus euren Häusern!«

Alter Fettsack, denkt sich der Schäfer unterm Baum. Da hört er ein Rufen – hoch und fein, keine Stimme, wie ein Schwingen in der Luft: »Pflücke die Blüten, und backe sie in Mehl.«

»He, ho«, ruft der Schäfer, »ich möchte dem König etwas kochen!«

»Wohl eine Erdsuppe mit Grasnudeln ohne Schafe«, spotten die Leute.

»Hier mein König«, sagt der Schäfer, »wohl bekomm's.«

Der König beißt vorsichtig in das braune Fremde, schluckt, schmatzt, schmatzt immer lauter, brüllt »mehr, mehr«, der Schäfer rennt, pflückt und bäckt. Der König blüht, er strahlt, er küßt den Schäfer. »Sag was du willst: Juwelen, das halbe Reich, den Hofstaat!«

»Nein«, sagt der Schäfer, »ein kleines Häuschen neben meinem Baum.«

»Hihi, hoho«, lacht das Volk, »so ein dummer Kerl! Ein kleines Häuschen gegen das halbe Reich!«

Es ist ein hübsches, kleines Haus auf dem Land neben dem Baum. Dort lebt der Schäfer ohne Schafe glücklich und zufrieden.

Als die Sonne den Zug in Richtung Winter

nimmt, hängt sein Baum voll mit schwarzen Beeren.
Da hört er abermals den Trommelmann: »Hört ihr Leute! Die Prinzessin wohnt seit dreizehn Tagen schon an einem stillen Ort. Sogar die Speisen reicht man dort, und Bad und Bücher wurden dorthin geschafft. Ihr Bräutigam, der Prinz von Soundso, ist abgereist, und der König verspricht dem die Schatzkammer, der ihr helfen könne.«
»Was für ein stiller Ort?« fragt der Schäfer.
»Ach, bist du dumm«, sagen die Leute, »den Durchmarsch hat sie, kommt vom vielen Fressen!«
Da hört der Schäfer ein Rufen – hoch und fein, keine Stimme, wie ein Schwingen in der Luft: »Pflücke die Beeren und trockne sie für die Prinzessin.«
Bald darauf steht der Schäfer mit dem Baum, dem Land und dem Haus vor dem Palast. »Ich will zur Prinzessin!«
»Du schon wieder«, ruft der König, »gut, laßt ihn zu ihr.« Alle Quacksalber, Doktoren und Sterndeuter werden mit all ihren Säften und Tinkturen fortgeschickt. Dann tritt der Jüngling ein.
»Wie schön sie ist«, denkt er sich, »wenn auch ein bißchen blaß.« Er gibt ihr die Beeren, und

noch bevor der Mond die Bäume und das Land und die Häuser silbrig färbt, fällt die Prinzessin dem Schäfer ohne Schafe um den Hals.

»Du bist ein Zauberkünstler«, jubelt der König. »Was wünschst du dir diesmal? Ich gebe dir alles, was du verlangst!«

»Alles?« fragt der Schäfer.

»Alles«, sagt der König.

»Ich habe einen Baum. Und Land mit einem Haus drauf. Was fehlt, ist eine Frau. Die Prinzessin würde mir schon gefallen!«

Dem König bleibt die Freude im Hals stecken. »Niemals«, röchelt er, »Schurke!« Dann sinkt er, blaugefärbt, zu Boden. Die Ärzte kämpfen, die Zauberer hexen, und die Sterngucker rechnen. Da hört der Schäfer ein Rufen – hoch und fein, keine Stimme, wie ein Schwingen in der Luft: »Schabe die Rinde – von unten nach oben – schnell!«

Der Schäfer tut es und preßt dem König, der schon mehr tot als lebendig ist, das Stückchen Rinde in den Mund. Der König würgt, hustet, spuckt und speit die Freude vor die Füße des jubelnden Volkes. Als die rosa Farbe wieder in sein Gesicht zurückkehrt, fragt er: »Wer hat mich gerettet?«

»Ich«, sagt der Schäfer bescheiden.

»Gut, du sollst meine Tochter haben – wenn sie dich will!«

Natürlich will sie, und die beiden liegen sich in den Armen.

»Was kannst du meiner Tochter bieten?« will der König wissen.

»Einen Wunderbaum, mein König – ich kann ihr einen Wunderbaum bieten!«

»Und was kannst du meinem Volk bieten, wenn es einmal deines sein wird?«

»Einen Wunderbaum, mein König, ich kann meinem Volk einen Wunderbaum bieten!«

Und so geschah es. Jeder im Land bekam einen Trieb des Wunderbaumes, und nun wißt ihr, warum man bei jedem Haus noch heute einen Hollerstrauch stehen sehen kann.

Der Holunder

Man nennt ihn auch »die lebendige Hausapotheke der Natur«! Früher galt der Holunder als Wohnsitz der Schutzgöttin der Häuser, deshalb findet man ihn auch immer in der Nähe von Haus, Stall und Scheune. Natürlich war es mit Unglück verbunden, einen Hollerstrauch zu fällen! (Auch unsere liebe Frau »Holle« hat eine geheimnisvolle Beziehung zum »Holler«strauch.)

Holunder wächst in der Nähe des Menschen, um seine guten Dienste anzubieten. Er ist nicht wählerisch, hat es aber gern sonnig und feucht.

Verwendet wird wirklich alles: die Wurzel (im Frühjahr), die Rinde, die heilkräftigen Blätter (spätes Frühjahr), die Blüten (Frühsommer) und die Beeren (Spätsommer) – der Holunder schenkt seine Gaben vom Frühling bis zum Herbst.

Die Wurzeln, in Wasser gelegt, sind wassertreibend, ein Tee von den Blättern läßt dich schwitzen (zum Beispiel bei Grippe), ein Aufguß aus getrockneten Blüten hilft bei Hautunreinheiten, Sonnenbrand. Die Beeren enthalten viel Vitamin C: getrocknet als Tee getrunken zur Blutreinigung, gekaut stoppen sie Durchfall, und ein Sirup vertreibt Husten und Heiserkeit. Und in der Küche gelten herausgebackene Holunderblüten und Holundersaft – entweder aus den Blüten (weiß) oder aus den Beeren (schwarz) – als Delikatesse!

Kaum zu glauben: Jeder zunehmende Mond fügt dem Wurzelgemüse, wie Karotte, Rote Beete, einen Ring hinzu (wie die Jahresringe von Bäumen) – so kannst du genau nachrechnen, wie alt deine Karotten sind.

Huflattich

Der für Kräuter zuständige Engel, Herbario, saß in seinem Wolkenlabor und kramte zwischen Blättern, Blüten und Samen. Heute morgen war er mit einem schrecklichen Husten aufgewacht. Einem Husten, der ganz hinten sitzt und sein Vergnügen darin findet, den Hals zu kitzeln. In seinem Ärger fand Herbario aber nicht gleich die richtige Pflanze, roch da, kostete dort, aber nichts wollte den Husten beruhigen. »Wird Zeit, daß der Frühling kommt, damit ich wieder Ordnung hier herein bekomme«, brummte der Engel.

Die Samen probten schon ihren Auftritt, einzelne Blätter hatten sich schon ein Blüten-Make-up aufgelegt. Aber nichts fand sich gegen diesen gemeinen Husten!

Im hintersten Winkel entdeckte der Engel einen Topf mit herrlich goldgelben Blüten.

»Wer seid ihr denn?« fragte er und griff nach dem Behälter. Da geschah das Unglück! Ein Unglück, das dem Kräuterengel Herbario in

seiner tausendjährigen Dienstzeit noch nie passiert war: irgendwie rutschte der Topf aus seiner Hand, fiel von der Wolke, und unendlich viele kleine, gelbe Blüten regneten auf die Erde.
»Um Himmels willen!« schrie Herbario entsetzt auf. »Und das im Februar!«

Die Sonne hatte in das weiße Leintuch des Winters schon viele grüne Flecken gemalt. An so einem Sonnentag durfte das Fohlen zum erstenmal allein auf die Weide. Nachdem es den wilden Galopp ausprobiert, sich auf der weichen, schon warmen Erde gewälzt hatte, legte es sich hin, um ein bißchen zu verschnaufen. Plötzlich glaubte es zu träumen: Es regnete kleine Sonnen! Und es hörte gar nicht mehr auf. Immer mehr Blüten fielen vom Himmel – wie gelber Schnee!
In kindlicher Angst meinte das Fohlen, es wäre zu wild gewesen und hätte die Sonne gestört, die nach ihrer langen Winterruhe ja noch ganz schläfrig war. Also begann es hastig, alle Blüten aufzufressen! Fraß, fraß, bis es ganz dick war und sich kaum noch rühren konnte.
Am nächsten Tag hatte das Fohlen die ganze grüne Weide gelb gedüngt …

Oben, auf seiner Wolke, lag Herbario und sah durch sein Fernglas, was für eine Bescherung er mit Hilfe des jungen Pferdes auf der Erde angerichtet hatte.
»Gelbe Blüten im Februar!« stöhnte er. »Wenn das Gott erfährt, na dann Prost!« Nun war ja nichts mehr dagegen zu machen. Da erst entdeckte Herbario, daß dort auf der Weide ja Blüten ohne Blätter blühten. »Auch das noch«, rief er und schlug sich auf die engelische Stirn. Schnell suchte er nach geeigneten Blättern, aber alle Formen waren schon an andere Pflanzen vergeben. In seiner Verzweiflung und in der Hoffnung auf ein Wunder leerte er einfach den Topf mit der Aufschrift »Blattgrün« auf die Erde.
»Wahrscheinlich bin ich meinen Job sowieso los!« murmelte er und legte sich hinters Fernrohr, um zu beobachten, was nun passierte.
Das Fohlen lag auf der gelbgesprenkelten Wiese und getraute sich kaum, eine Bewegung zu machen. Es dachte immer noch, es sei seine Schuld gewesen, daß die kleinen Sonnen auf die Weide gefallen waren und jetzt alles voller gelber Blütentupfen war. So kann man sich vorstellen, wie das Fohlen in Panik geriet, als plötzlich auch noch ein grüner Regen auf sein

Fell herabprasselte! Es sprang auf und galoppierte und trampelte auf der grünen Masse herum, als wollte es alles in die Erde stampfen. Als es vor Erschöpfung zu Boden sank, bemerkte es, daß sich durch seine Tritte unzählige Blätter geformt hatten.

»Na ja, nicht besonders originell, aber besser als gar nichts«, sagte sich Herbario, »gelbe Blüten im Februar und Blätter, die aussehen wie Fohlenhufe ...«

»Herbario!« rief es plötzlich durch den Himmelssaal.

»Oh, mein Gott.« Herbario flog zitternd zur obersten Himmelswolke.

»Herbario«, sagte Gott, »als ich heute morgen die Erdrundschau sah, entdeckte ich ein neues Kraut. War das deine Idee?«

Herbario wußte nicht recht, was antworten.

»Es gefällt mir. Eine gute Idee, schon im Februar ein bißchen Gelb zu streuen. Und die Blätter sind auch hübsch gelungen. Aber sag, wofür ist es gut?«

»Äh, ich... ich hatte so schrecklichen Husten und als ich...«

»Gegen Husten also – das ist gescheit! Von solchen Kräutern kann man nie genug haben. Bravo Herbario!«

Als der Kräuterengel glückstrahlend in sein Wolkenlabor zurückgekehrt war, kramte er zwischen Töpfen und Tiegeln, bis er endlich fand, was er suchte. »Das hast du dir verdient, junges Fohlen.« Und er leerte einen Sack mit himmlischem Hafer auf die Pferdeweide.
»Danke!« rief er und trug in sein Kräuterbuch den Namen für das neue Kraut ein: Fohlenkraut!

Der Huflattich

Man nennt ihn auch Fohlenkraut oder Eselskraut. Da die Blüten vor den Blättern kommen, sagt man auch: »Es erscheint der Sohn vor dem Vater.«

Huflattich wächst an Bachufern, an Böschungen, Eisenbahndämmen, auf Schuttplätzen, an Acker- und Waldrändern.

Verwendet werden die Blätter (Mai, Juni) und die Blütenköpfe (Februar, März), wenn sie sich ganz entfaltet haben.

Die Blüten schmecken süßlich, etwas herb (und riechen nach Honig), die Blätter sind leicht bitter.

Der Huflattich ist die erste Heilpflanze im Frühling! Sie wirkt entzündungshemmend, blutreinigend und ist vitaminreich. Ein Tee aus den Blättern ist ein altes Hausmittel gegen Husten. Früher bereitete man aus dem Huflattich gern ein Gemüse für blutarme Kinder.

Wußtest du: daß jeder zunehmende Mond der Zwiebel eine neue Schale wachsen läßt?

Johanniskraut

Alles, was von dem grausamen Schauspiel übrigblieb, war ein rotgefärbtes Wiesenstück. Die schaulustige Menge, die Soldaten und Richter hatten sich verzogen. Der Wagen mit der Leiche des Geköpften rollte langsam davon, hinter ihm gingen zwei Frauen und ein paar Männer. Die Erinnerung schwebte wie eine Wolke über der Wiese. Morgen wird sie schon weiter ostwärts gezogen sein, und übermorgen wird der Wind des Vergessens sie verjagt haben.
Nur das rotgefärbte Wiesenstück zeigte noch, daß hier etwas Schauriges stattgefunden hatte.
»Der Regen nimmt das Blut mit sich«, sang ein Vogel, »und denken wird niemand mehr an dich.« Der Regen entfernte das Blut, und die Wiese blühte, und verliebte Paare wanderten über die einstmals rotgefärbte Erde.
Ein Jahr verging. Kaum einer erinnerte sich mehr an den Tag, als hier der Tod zu Gast gewesen war – nur ... Auf dem Wiesenfleck

wuchs eine seltsame Pflanze. Am Tag der höchsten Sonne blühte sie goldgelb. Manche, die vorübergingen, blieben stehen und wunderten sich, was für eine Blume das wohl sein mochte – sie war in dieser Gegend unbekannt.

Um diese Zeit kam eine Frau aus einem fernen Land in die Stadt. Sie sagte, sie komme von weither, um den Johannes zu treffen.

»Den Johannes?« sagten die Leute erstaunt. »Ja, hast du denn nichts davon gehört? Vor einem Jahr ist er enthauptet worden.«

Die Frau wollte es erst glauben, als man sie zu seinem Grab führte. »Und wo ist es geschehen?« fragte sie. Man erklärte ihr den Weg, und als sie dorthin kam, fand sie das blühende Kraut. Sie nahm eine Blüte in die Hand, um daran zu riechen. Sie hatte vielleicht etwas zu fest gedrückt, denn plötzlich rann aus der gelben Blüte ein Tropfen, rot wie Blut. Entsetzt ließ die Frau die Blüte fallen und starrte auf ihre rotgefärbten Finger.

Das Wunder sprach sich schnell herum. Vorsichtig gruben die Leute die Pflanze aus der Erde und trugen sie zu sich nach Hause.

Bald hatte sich das Johanniskraut, wie man es nannte, über das ganze Land vermehrt. Und bald sprach man nicht nur vom Blut des

Johannes, das aus den gelben Blüten rann, man sprach auch von wundersamen Heilungen, die es bewirkte: »Ein Geschenk des Himmels!«
Dies mußte wohl auch der Teufel gehört haben.
»Das ist unfairer Wettbewerb«, wetterte er. »Der da oben soll seine Wunder im Himmel behalten!«
In einer kohlrabenschwarzen Nacht schlich er zur Wiese, wo das Johanniskraut erschienen war.
»Nun wirst du von der Erde verschwinden müssen, du Gotteskraut«, lachte der Teufel höhnisch. Er sammelte einen Mundvoll seines giftigen Speichels und sprühte ihn auf die Pflanze. Als das widerliche, scharfe Zeug die Blätter berührte, brannte es tausend kleine Löcher in das Grün.
Ein Teufelsspruch, ein Katzenbuckel, eine Ladung grüner Spucke in alle Himmelsrichtungen, und jedes blühende Johanniskraut im ganzen Land war verletzt durch unzählige, kleine Wunden.
Als die Menschen die schreckliche Tat bemerkten, ahnten sie gleich, daß dies nur Teufelswerk sein konnte. Schnell sammelten sie alle noch verbliebenen Blüten ein. Sie dachten, es

würden die letzten sein – dem Teufelsschleim widersteht nichts.
Als der Frühling kam, hielten die Menschen jeden Tag Nachschau, ob die gelbe Blume kommen möge. Doch der Teufel schien sein Werk gut getan zu haben. Schon wollten sie die Hoffnung aufgeben, als nach kräftigen Sonnenstrahlen sich plötzlich das Johanniskraut aus der Erde kämpfte. Am Tag der höchsten Sonne blühte es so gelb wie nie zuvor!
Und damit der Teufel sich ewig daran erinnert, daß sein Gift bei einem Kraut des Himmels keine Wirkung zeigt, blieben die tausend kleinen Wunden für immer in den Blättern.

Das Johanniskraut

nennt man auch Blutkraut, Herrgottsblut, Tausendlochkraut, Jesuwundenkraut, Teufelsloch – warum, weißt du ja jetzt, wo du mein Märchen gelesen hast.

Johanniskraut wächst in ganz Europa wild an sonnigen Hängen, an Böschungen und Waldrändern.

Verwendet wird das ganze Kraut mit den Blüten (es blüht, wenn die Sonne zur Sommersonnenwende Ende Juni am höchsten steht).

Es schmeckt bitter!

Wenn du die Blätter gegen das Licht hältst, siehst du, daß sie von unzähligen Löchern durchstoßen sind. Das zweite Geheimnis: Reibst du die gelben Blüten zwischen deinen Fingern, färben sie sich blutrot! Das Johanniskraut wird zur Wund- und Schmerzbehandlung verwendet. Es wirkt nervenberuhigend. Sollte es notwendig sein, versuche eine vier- bis sechswöchige Trinkkur. Meide aber in dieser Zeit die Sonne, denn das Johanniskraut macht dich lichtempfindlich!

Man glaubt es kaum: Mondpflanzen (solche, die abends und nachts blühen wie zum Beispiel das Geißblatt, die Nachtkerze, die Kartoffel und die Tomate und der nachts blühende Kaktus, die »Königin der Nacht«) bekommen bei jedem zunehmenden Mond ein neues Blatt und verlieren bei jedem abnehmenden Mond eines!

Kamille

Am Rande des Dorfes wohnte ein junges Mädchen, das von allen nur »Kummerblume« genannt wurde. Nicht weil sie selbst soviel Kummer hatte, nein, im Gegenteil, sie war so fröhlich und bescheiden, so schön und zart, daß sie allen Kummer fortnehmen konnte. Sie spürte, wenn die Leute wirklichen Kummer hatten oder ob sie nur zu faul waren, den wahren Grund ihres Kummers zu betrachten. Mit Kummerblumes Hilfe entdeckten sie dann nämlich, daß ihr Kummer meist überflüssig war, und gingen zufrieden nach Hause.

Kummerblumes Haus war sehr klein, sie wohnte ganz allein darin und benötigte nicht viel für ihr Leben. Außer der Tür, durch die Kummerblume aus und ein ging, gab es noch eine zweite im Haus, die das Mädchen immer, Sommer und Winter, mit frischen Blumen geschmückt hatte.

Kam jemand mit großem Kummer in ihr Haus, sagte sie nur: »Geh durch diese Tür, und du

wirst deinen Kummer erkennen und ihn dort-
lassen.«
Da kam der reiche Bauer, dessen Kummer war, seinen Reichtum zu verlieren.
»Geh nur«, sagte Kummerblume und wies auf die geschmückte Tür. Der Bauer öffnete sie und trat in ein Wunderland: Die Wiesen trugen ihr üppigstes Sommerkleid, die Baumdamen hatten ihre Fruchtjuwelen aus den Schatzkisten geholt, und im Hintergrund gab der Vogelchor ein Konzert.
»In so einer Welt müßte man leben, dann hätte man keinen Kummer mehr!« rief der Bauer.
»Du brauchst sie nicht einmal zu kaufen, es ist ja deine Welt, durch die du täglich wanderst!« sagte eine Stimme.
Da war der Kummer weg, und der Bauer sah, wie reich er ***wirklich*** war!
Der Bürgermeister kam und beklagte sich, daß seine Frau so mürrisch wäre und er ohne Kuß ins Bett gehen müßte. Kummerblume sagte bloß: »Geh nur!« und schickte ihn durch die Tür. Der Bürgermeister öffnete sie und stand mitten in einem Wirtshaus und sah sich selbst an seinem Stammtisch sitzen und Bier trinken und große Sprüche klopfen. Und sah sich spät in der Nacht nach Hause torkeln.

»Das bin ja ich!« rief er entsetzt und wußte mit einemmal, woher es kam, daß seiner Frau die Küsse nicht mehr schmeckten.

Vor allem aber kamen die Leute des Dorfes, wenn der Kummer einer Krankheit wegen war.
»Geht nur durch diese Tür«, sagte Kummerblume zu einer Frau, die vor lauter Niesen und Schneuzen kaum grüßen konnte.
Als sie durch die Tür getreten war, lag vor ihr ein kleiner See, der dampfte wie ein Vulkan.
»Komm, setz dich an mein Ufer und atme«, rief der See ihr zu. Und nachdem die Frau ihn einige Tage hindurch besuchen gekommen war, fühlte sie sich wieder gesund und fröhlich!

»Meine Tür wartet schon auf dich«, sagte Kummerblume zu einem jungen Mann, der von einem Pferd getreten worden war und eine große Wunde am Bein hatte. Als er die Tür öffnete, getraute er sich zuerst nicht einzutreten – vor ihm breitete sich eine blaue Himmelswiese aus, auf der einige Wolkenschafe grasten. Eine Wolke kam auf ihn zu, er setzte sich darauf und schwebte davon. Die Wolkenschafe hüllten das

verletzte Bein ganz mit ihrem Weiß ein, und so flogen sie eine Weile dahin, bis er keine Schmerzen mehr spürte. Als der junge Mann wieder durch die Tür an der Rückwand der Stube ins Haus der Kummerblume trat, war die Wunde am Bein geheilt!

»Hab keine Angst, hinter der Tür erwartet dich nur Gutes«, sagte Kummerblume zu der Frau, die ihren Kummer im Magen trug. Die Frau sah einen Berg, aus dem heißes Wasser floß.
»Trink mich«, rief das Wasser.
»Leg dich auf mich und rolle dich«, rief die Wiese am Fuße des Berges.
Und die Wasserelfen drehten sich im Magenrad und verjagten alle bösen Geister, die sich dort zu einem Fest getroffen hatten.

Nun kann man sich aber vorstellen, daß die Leute, die auf ihren Kummer auch noch stolz waren, und die Leute, die sich nicht getrauten, ihren Kummer der Kummerblume anzuvertrauen, daß diese Leute ihr nichts Gutes wünschten. Üble Worte liefen durch das Dorf, und da und dort blieben diese Worte auch hängen und wurden größer und böser: eine Hexe soll sie sein, die Kummerblume!

Und immer weniger und weniger Leute getrauten sich, zu ihr zu gehen, aus Angst, man könnte glauben, sie vertrauten einer Hexe.
Bald kam niemand mehr zu dem Mädchen, das am Rande des Dorfes wohnte. Eines Tages waren die bösen Worte so gewachsen, daß sie alle Köpfe umschwirrten. Die Dorfbewohner zogen mit Mistgabeln und Fackeln hinaus vors Dorf und riefen: »Brennt die Hexe! Brennt die Hexe!«
Als der Schlimmste von allen, der Schwarzgekleidete, an ihre Tür klopfte, rührte sich nichts. Als sie das Haus aufbrachen, fanden sie nichts. »Dort ist die Hexentür«, riefen die Leute, »dort hinaus wird sie geflüchtet sein.«
Nur der Schwarzgekleidete getraute sich, die geheimnisvolle Tür zu öffnen. Er riß sie auf und... vor ihm lag eine Wiese, auf der unzählige Kamillen blühten.
Die Kummerblume aber wurde niemals mehr gesehen...

Die Kamille

nennt man auch Kindbettblume oder Mutterkraut. Einer der größten Kräuterkundigen, Hieronymus Bock, schrieb: »Es ist kein breuchlicher Kraut in der Arznei als die Kamille, denn man kann sie für fast alle Gebrechen verwenden.«

Kamille wächst wild auf Äckern, Schuttplätzen, an Böschungen, und natürlich sollte sie in keinem Kräuter- oder Gemüsegarten fehlen. Aber Vorsicht! Verwechsle sie nicht mit der sogenannten Hundskamille: Die Randblütenblätter der echten Kamille hängen nach unten!

Verwendet werden die Blütenköpfchen (von Mai bis August, am besten drei bis fünf Tage nach dem Aufblühen ernten).

Die Kamille schmeckt ... mach dir schnell einen Tee, dann weißt du's!

Kamille hilft sowohl äußerlich (Umschläge), als auch innerlich (Tee). Sie ist allgemein heilend, krampfstillend und entzündungshemmend. Sie beruhigt das Nervensystem und lindert auch Magen- und Darmbeschwerden. Hast du eine Erkältung, hilft ein Dampfbad!

Interessant, interessant: Wasserreiches Gemüse, wie Gurken, Kürbisse und Melonen, nennt man »Kinder des Mondes«!

Kapuzinerkresse

Er war ein Handwerksbursche. Fleißig und ehrlich und zufrieden mit seinem Leben. Bis zu dem Tag, an dem er aufgeregtes Geschrei und Gepolter hörte. Er zwängte sich durch die Menschenmenge bis an den Rand der Straße. Die königliche Kutsche fuhr durchs Dorf – das kam alle paar Jahre einmal vor! Aus dem Fenster der Kutsche winkte die Prinzessin. Als der Handwerksbursche, der Minuten zuvor noch seiner Arbeit nachgegangen war, ihr Gesicht sah, stand für ihn einen Augenblick lang die Weltkugel still, verflogen die Menschen, Tiere, Häuser rund um ihn, und alles, was es auf der Erde noch gab, waren dieses Mädchen und er. So war es. Für einen langen Augenblick.

Die Kutsche und die winkende Prinzessin wurden immer kleiner, die Menge verlief sich. Nur der Handwerksbursche stand noch da. Er wußte nicht, ob der Wind sein Atem, der Himmel sein Auge und die Stille sein Ohr war: die Liebe war erbarmungslos über ihn hergefallen!

Er konnte nicht mehr arbeiten, konnte nicht mehr schlafen, konnte nicht mehr essen.
Wäre es nur die Liebe gewesen, gut. Aber was ihn plagte, war, daß die Königstochter für ihn wegen seiner geringen Abstammung völlig unerreichbar bleiben würde. Er würde sie nicht einmal mehr zu Gesicht bekommen.
»Wie ungerecht die Welt doch ist!« seufzte er und wurde immer dünner und dünner.

Die Prinzessin aber unterschied sich von üblichen Prinzessinnen dadurch, daß sie weder eingebildet noch eitel noch faul war. Sie liebte Blumen und Kräuter über alles, und am liebsten hätte sie sich einen Gärtner zum Mann genommen. Statt dessen mußte sie sich mit allen möglichen Brautwerbern herumschlagen, Prinzen, die meist schrecklich langweilig waren und von Blumen absolut nichts wissen wollten.
»Wie ungerecht die Welt doch ist«, seufzte sie und wurde immer unglücklicher und unglücklicher.

Eines Tages kam ihr die Idee, die Brautwerber nicht nach üblichen Methoden auszuwählen. Sie verlangte also keine Drachenköpfe, Ritter-

ohren oder Wett-Trinkgelage – sie wollte die Blume der Liebe haben!
»Die Blume der Liebe?« riefen die Prinzen, als sie von dieser seltsamen Aufgabe hörten. »Welche soll das sein?«

Der Handwerksbursche war schon dünn wie eine Spinne, als er auf dem Marktplatz das neueste, königliche Gerücht hörte: Die Prinzessin wünschte sich den zum Mann, der ihr die Blume der Liebe bringen würde.
Da regte sich im Handwerksburschen ein wenig Hoffnung. »Die Blume der Liebe«, sagte er immer wieder vor sich hin. »Ich muß sie finden. Wenn es sie wirklich gibt, wird meine Liebe mich zu ihr führen. Und wenn ich sie sehe, werde ich wissen, daß sie es ist, die ich gesucht habe!«

Noch am selben Tag machte sich der Bursche auf den Weg. Er wanderte durch Ebenen, überquerte hohe Berge, er suchte in abgelegenen Tälern und in Gärten feiner Häuser.
Oft dachte er schon, jetzt hätte er sie gefunden, aber die schönen Blumen zeigten nur ihre Schönheit, die duftenden ihren Duft, die farbenprächtigen ihre Farben – die Blume der Liebe war nicht darunter.

Nach vielen Monaten kam er ans Meer und glaubte, nun am Ende der Welt angelangt zu sein.
»Sollte es diese Blume doch nicht geben? Was war es dann, was mich bis hierher gebracht hat?« Und er spürte die Liebe so stark wie nie zuvor in seinem Herzen, und er stieg in ein Boot und segelte die orangefarbene Straße entlang, die die Sonne für ihn ins Wasser baute.

Die Liebe brachte ihn weit hinter den Horizont. »Wo bin ich hier?« fragte der Handwerksbursche.
»In Peru«, antworteten die Menschen, die eine andere Haut trugen als er.
»Finde ich hier die Blume der Liebe?«
»Oh ja, die Blume der Liebe!« lachten die Leute. »Du wirst sie bei uns finden!« Der Bursche war außer sich vor Freude und Glück – nach tausend Fragen hatte er zum erstenmal eine Antwort erhalten!
Nun stand er knapp vor seinem Ziel. Er marschierte ins Landesinnere und traf viele, viele Blumen, die er nie zuvor gesehen hatte.
Am Abend des ersten Tages seiner Wanderung in Peru lag er lange mit offenen Augen unter dem Sternenland und träumte von seiner Prin-

zessin. Plötzlich sah er, nicht weit entfernt von ihm, tausend kleine, feurige Funken durch die Luft wirbeln. Er sprang auf und schlich näher, um Nachschau zu halten, woher das geheimnisvolle Feuer wohl käme. Je näher er heranrückte, desto mehr hatte er das Gefühl, als würde es ihm den Hals abschnüren. Irgend etwas lag in der Luft, von dem er nicht wußte, woher es kam. Nun war er nah genug, um zu erkennen, daß die Funken aus der Erde zu sprühen schienen. Und als der Mond es endlich geschafft hatte, die aufdringlichen Wolken zum Gehen zu bewegen, und er sein Silberlicht anknipsen konnte, da sah der Handwerksbursche aus dem fernen Land, was er so lange gesucht hatte: eine Blume, die kein Auge für ihre Farbenpracht, keine Nase für ihren Duft, keinen Namen für ihre Schönheit brauchte. Wenn man sie sah, roch, befühlte, empfand man nur Wärme – Herzwärme! Sie hatte so viel davon, daß sich die Wärme ihres Herzens am kalten Atem der Welt entzündete!
»Die Blume der Liebe«, murmelte der Bursche und wußte, daß er es geschafft hatte. Vor ihm lag nun der größte Schatz der Welt, der Schlüssel zur Liebe, der ihm alle Tore auf dem Weg zu seiner Prinzessin öffnen würde.

Er sammelte so viele Blumen der Liebe, wie er nur konnte, und machte sich auf den Heimweg. Im Hafen der Stadt am Meer suchte er nach einem Boot, das ihn so rasch als möglich in die Heimat bringen sollte. Dabei stieß er auf eine Gruppe von Menschen, die um einen Matrosen standen, der auf dem Pflaster lag.
»Was hat der Mann?« fragte der Bursche.
»Die Seefahrerkrankheit, den Skorbut.«
»Kann man ihm nicht helfen?«
»O ja, das könnte man schon. Mit der Blume der Liebe.«
»Mit der Blume der Liebe?« wiederholte der Bursche. »Ich habe welche bei mir. Aber ich muß sie weit fortbringen, sie sind für meine Prinzessin, die ...« Da sah er den kranken Mann vor sich liegen und dachte: Ich habe doch so viele davon, die müßten für die Prinzessin und den Mann reichen. Er gab dem Kranken die Hälfte seiner Blumen und wünschte ihm viel Glück.

Als er auf der anderen Seite des Meeres aus dem Boot stieg, hatte er das Gefühl, als wäre die Kraft der Blume der Liebe noch stärker geworden. Seine Augen erkannten plötzlich Dinge, die sie vorher nie wahrgenommen hatten, seine Ohren hatten lauschen gelernt, und sein Herz war wie eine Hand, die alles erfühlt. Er wanderte Tag und Nacht, ruhte sich nur aus, wenn die Füße gar nicht mehr wollten. Als er irgendwo in einer Herberge übernachtete, wurde er mitten in der Nacht von Stöhnen und Schreien geweckt. Er ging den Lauten nach und fand eine Frau, die aus einer großen Wunde blutete. »Nichts will das Blut stillen und die Wunde schließen«, sagte ihr Mann. »Wir haben schon alles versucht, vergeblich. Eine Kräuterfrau erzählte von einer Blume, deren Blätter Wunder wirken sollen. Aber eine Handvoll dieser Blätter aus einem fernen Land kostet soviel, wie ich in einem Jahr nicht verdienen kann.«

»Wie heißt diese Blume?«

»Man nennt sie die Blume der Liebe.«

Der Handwerksbursche zuckte zusammen. Wenn er der Frau die Hälfte seiner Blumen gäbe, würde die andere Hälfte wohl noch reichen, um die Liebe der Prinzessin zu erlangen?

»Wartet«, sagte der Jüngling, holte die Blumen der Liebe hervor und gab die Hälfte davon den Leuten.

Eine Handvoll Blumen war ihm noch geblieben. Damit eilte er der Heimat entgegen, und

nach langer, mühsamer Reise stand er endlich wieder vor den Toren seiner Stadt.
»Ich werde mich ausschlafen und den Blumen Zeit geben, sich an ihre neue Heimat zu gewöhnen.«
Sieben Tage und sieben Nächte schlief er, dann machte er sich auf das letzte kurze Stückchen Weg zum Schloß der Prinzessin.
Die Blume der Liebe war schön, duftend und farbenprächtig wie nie zuvor. Gerade als er die Hand ausstreckte, um an das Tor zu pochen, klopfte ihm ein Mann auf die Schulter. Er drehte sich um, und da stand ein Bettler mit einem Kind vor ihm.
»Junger Mann«, sagte er, »mein Kind ist krank und schwach und wird sterben. Ich habe von einer Blume gehört, die soll alle Kraft der Welt in sich tragen.«
»Wie heißt diese Blume?« fragte der Handwerksbursche und ahnte schon die Antwort.
»Sie soll Blume der Liebe heißen.«
Der Jüngling blickte auf das blasse Kind, das kaum noch atmete, und sah den langen Weg, den er hinter sich hatte. Er sah die feurigen Funken der Blume, als er sie damals in Peru entdeckte, und sah die Prinzessin, wie sie auf die Blume wartete.

»Hier hast du meine Blumen«, sagte er, »das Kind muß leben.«
Ohne eine einzige Blume pochte er an das Tor und verlangte, zur Prinzessin geführt zu werden. Zuerst wollte man den mageren Handwerksburschen gar nicht vorlassen, aber ein eigenartiger Duft ging von ihm aus, daß sich ihm alle Türen öffneten.
»Ich bringe euch die Blume der Liebe«, sagte er schüchtern. »Wo ist sie?«, rief der Hofstaat. – »Ich trage sie in meinem Herzen.« – »Das haben schon viele vor dir gesagt«, rief der Hofstaat. Und dann begann der Handwerksbursche seine Geschichte zu erzählen …

Die Kapuzinerkresse

heißt auch »Blume der Liebe« oder »Blutrote Blume aus Peru« – wegen ihrer Farbe und ihrer Fähigkeit, an heißen Sommerabenden kleine, feurige Funken auszusenden.

Ihre Heimat ist Peru, aber vor langer Zeit wanderten einige dieser Pflanzen von dort aus, und so lebt sie jetzt auch bei uns. Sie klettert gern an Zäunen hoch oder wächst an Gartenwegen. Sie ist eine Sommerschönheit, die viel Wärme (und Liebe) braucht.

Verwendet werden die Blätter, Blüten, Knospen und Samenkapseln. Blüte von Mai bis in den Herbst, ernten kann man während des ganzen Sommers.

Sie besitzt das für alle Kressearten typische scharfe Aroma. Leicht pfeffrig. Sehr saftig.

Die Blätter sind eine kühlende Wundauflage (falls du dir mal im Dschungel von Peru die Knie aufschlägst). Frische Blätter ißt man als blutreinigenden Salat (hm!). Die Kapuzinerkresse ist reich an Vitamin C und Eisen und wirkt kräftigend.

Ein heißer Tip: Willst du einen Zaun bauen oder benötigst du Holz für den Hausbau, dann mußt du das Holz schlagen, wenn der Mond abnimmt oder kurz vor Vollmond!

Knoblauch

Ein Vater hatte drei Söhne und kein Geld. Als es darum ging, jedem für sein weiteres Leben etwas mitzugeben, holte er aus einem Kistchen zwei Samenkörner und etwas, das wie eine kleine längliche Frucht aussah und sprach: »Das ist alles, was ich euch geben kann. Wenn ihr es richtig nützt, wird es euch ebensolches Glück bringen, als hätte ich jedem von euch einen Sack voll Gold gegeben.«
Er überreichte jedem Sohn seinen »Schatz«, und sie machten sich gleich daran, ihn einzupflanzen.
Jeden Morgen war von nun an der erste Weg der Söhne zu dem Teil des Gartens, wo ihr zukünftiges Glück wachsen sollte. Lange Zeit ließ sich nichts blicken. Dann endlich, eines Tages, zeigte sich ein erster, grüner Blattfinger, kurz darauf schossen auch die beiden anderen Keimlinge in die Höhe. Noch war kein Unterschied festzustellen.
Als die Sonne schon sehr hoch im Jahr stand,

zeigte sich bei der Pflanze des jüngsten Sohnes die Form einer Blüte. Die des mittleren hatte ihre Blätter wie einen Kelch gewunden, aus dem etwas herauszuwachsen schien. Der Älteste blickte etwas nachdenklich auf sein »Glück«: Es hatte zwar die größten und längsten Blätter, aber außer den Blättern war noch nichts zu erkennen.

Eines Tages im Herbst führte der Vater seine Söhne in den Garten, um die Ernte einzubringen. Im ersten Beet war eine wunderschöne Blume gewachsen, im zweiten eine kurze, feste Pflanze, die sehr nützlich zu sein schien, nur im dritten Beet sah es traurig aus: Die langen, braunen Blätter hingen welk zu Boden.
»Na, unser ältester Bruder scheint kein großes Glück gefunden zu haben!« lachten die beiden anderen.
»Wartet«, sagte der Vater, »das wahre Glück muß nicht immer gleich zu erkennen sein!«
Dem Jüngsten schnitt er die Blume, die voll Schönheit und Duft war. »Das ist die Blume, der keine Frau widerstehen wird können.« Und so war es auch: Dieser Sohn heiratete bald, bekam viele Kinder und wurde ein guter Familienvater.

Die Pflanze des zweiten Sohnes verbarg ein Geheimnis in ihrem Kelch. »Sieh diese gelben Stengel, die aus dieser Blume wachsen. Sie werden dich reich machen. Man nennt sie Safran. Es ist das wertvollste und köstlichste Gewürz der Welt.«
Und so war es auch: Dieser Sohn wurde ein berühmter Koch, und alle waren von seinen gelben Speisen begeistert.

»Und wie steht es mit dem, was du mir auf meinem Lebensweg mitgibst?« fragte der Älteste und schaute auf die welken Blätter.
»Ich sagte dir doch schon, lasse dich nicht vom Schein blenden. Keine Blüte kann ihren Duft, keine Frucht ihren Geschmack ohne die Wurzel finden. Die Wurzel wird dein Glück sein!«
Der Sohn grub seine Pflanze aus und fand in der Erde eine seltsame Frucht: Knoblauch. In ihrer Wurzel entdeckte er sieben Zehen.
Die sollen mein Glück bedeuten? dachte er und war mit dem Geschenk des Vaters sehr unzufrieden.
»Vielleicht wirken sie wie die Blume meines Bruders und verhelfen mir zu einer guten Frau!«
Das wollte er bei einem nächsten Treffen mit dem Mädchen, das ihm gefiel, ausprobieren.

»Mitbringen kann ich ihr die Zehen nicht, aber vielleicht machen sie mich unwiderstehlich.« Und er zerkaute den Knoblauch.
Als sich das Mädchen und der Junge gegenübersaßen und er gerade zärtlich »ich liebe dich« hauchen wollte, entwich seinem Mund eine Wolke starken Knoblauchduftes. Das Mädchen entging knapp einer Ohnmacht und ließ sich nie wieder blicken.
»Das soll Glück sein?« rief der Bursche ärgerlich und versuchte es, wie sein zweiter Bruder, mit der Kochkunst.
Er bekam die Gelegenheit, für eine vornehme Gesellschaft ein Abendessen zu bereiten. Es wurde ein großer Erfolg, seine Speisen wurden wegen des vorzüglichen Geschmacks gelobt. Schon dachte er, nun habe er das Glück doch noch erreicht. Aber plötzlich hörte er aus dem Zimmer, wo die Herr- und Damschaften ihren Kaffee nahmen, seltsame Geräusche, die wie Donner klangen. Mit hochroten, schamerfüllten Gesichtern saßen die feinen Leute da und beteuerten einander gegenseitig, daß ihnen diese unschicklichen Töne völlig fremd seien. Bis einer den Zusammenhang mit dem köstlichen Geschmack der Speisen herstellte und der Koch davongejagt wurde.

»Du hast mir nicht Glück, sondern Unglück auf den Weg mitgegeben!« beschwerte sich der Sohn beim Vater.
»Für dein Glück brauchst du Geduld. Und Vertrauen. Pflanze die noch verbliebenen Zehen in die Erde, warte auf den Herbst und eine neue Ernte. Kaue jeden Tag deinen Knoblauch. Du wirst dein Glück vielleicht nicht heute in die Hände nehmen können, aber dafür wirst du eines Tages auf dein Glück zurückschauen.«
Und so war es auch: Während Krankheiten Körper und Geist seiner jüngeren Brüder schwächten, die Schönheit der Blume längst vergangen, der Geschmack des Safrans längst vergessen war, sah der älteste der Brüder aus, als würde er jeden Tag in einem Jungbrunnen baden. Das hatte er dem Knoblauch zu verdanken, den er im Garten zog und dessen Kraft ihm erst klarwurde, als er am Grab seiner Brüder stand und die Gesundheit als höchstes Glück erkannte.

Der Knoblauch

ist eines der gebräuchlichsten Küchengemüse und Gewürze. Man nennt ihn auch Stinkerzwiebel (warum wohl?). Die Griechen nannten ihn »stinkende Rose«. Die Kinder im alten Ägypten trugen Knoblauchhalsbänder gegen Ungeziefer, und Sklaven, die an den Pyramiden arbeiteten, wurde täglich eine Ration Knoblauch zur Stärkung in den Mund geschoben. Vampire hassen Knoblauch!

Die Urheimat des Knoblauchs ist Zentralasien. Heute wächst er kaum noch wild.

Verwendet werden die Zehen (Pflanzung März und April, Ernte im Herbst).

Knoblauch schmeckt scharf und hinterläßt einen schlechten Geruch. Für die Chemiker unter euch: Allicin (einer der Hauptbestandteile des Knoblauchs) und Sauerstoff gehen eine organische Schwefelverbindung ein, die den typischen Knoblauchgeruch ergibt.

Allicin ist ein natürliches Antibiotikum und wirkt bakterientötend. Der Knoblauch stärkt das Allgemeinbefinden und die Abwehrkräfte, hilft gegen frühzeitiges Altern und gegen Verengung der Gefäße. Ein Knoblauchsirup lindert Erkrankungen der Atemwege. Er ist aber nicht nur Medizin, sondern auch Nahrungsmittel und Würze – das macht ihn zu einem der wichtigsten Kräuter überhaupt.

Fast vergessen: Wenn du etwas säst (Knoblauch), warte ab, bis die Mondsichel fett und fetter wird – der Mond also zunimmt!

Königskerze

Über eine Familie kam großes Unglück. Warum, das ist eine lange Geschichte, die euch eines Tages vielleicht der Mond erzählen wird. Aber eines hat ganz sicher damit zu tun: Der Vater hatte den Mond nie in Ruhe schlafen lassen. Er führte die Frau bei Neumond zum Traualtar, begann bei Neumond sein Haus zu bauen und holte bei Neumond die Ernte ein. Er sagte: »Der Mond muß nicht alles sehen, was ich tue«, aber er vergaß, daß dem Mond selbst im Schlaf nie etwas entgeht.

Der Vater war also krank, die Mutter hysterisch, dreizehn Kinder waren hungrig, und um die Kühe im Stall tanzten Kobolde und flogen Teufelswesen.

Da hatte die Sonne eines Tages Erbarmen: »Was können die Kinder dafür, daß der Vater ein Dummkopf ist!«

Sie schickte also einen Strahlenfinger los, die Elfe einer Königskerze zu wecken. »He, du, aufwachen«, rief die Sonne und kitzelte die

Pflanzenelfe, bis sie endlich hochschreckte, »ich habe Arbeit für dich.«
Die Elfe fuhr zusammen, weil die Chefin höchstpersönlich zu ihr gekommen war, glättete schnell ihre Flügel und das Haarbüschel.
»Ich, öh, habe nur ein bißchen ...«
»Ist schon recht«, sagte die Sonne gütig. »Höre: Wir brauchen dringend ein Kräuterbüschel, damit wieder Ruhe in eine Menschenfamilie einkehrt. Ich habe deine Blume ausgewählt, die Anführerin des Büschels zu sein. Du mußt zu diesen Menschen gehen und ihnen ein bißchen Nachhilfe in Kräuterkunde geben.«

Die Königskerze war mächtig stolz, daß sie auserkoren war, in der Mitte des Büschels zu stehen und mit ihrem Duft und ihrer Schönheit alles zu überstrahlen.
»Wie willst du denn die Menschen dazu bringen, die richtigen Kräuter zu finden?« fragte die Blume ihre Elfe.
»Keine Angst! Nach siebenhundert Jahren Berufserfahrung ist so eine Aufgabe ein Kinderspiel für mich!«
Noch in dieser Nacht flog die Elfe in das Haus der Unglücksfamilie. Schon von weitem hörte sie das Vieh im Stall brüllen, weil die Kobolde

wieder ihren Unfug trieben. Im Haus selbst war es auch nicht besser: Der Vater war vor lauter Unglück elendskrank, die Mutter wegen der vielen Sorgen halb verrückt, und die Kinder lagen wie Kraut und Rüben durcheinander in den Betten.

»Höchste Zeit, daß hier etwas geschieht«, meinte die Elfe und ging gleich an die Arbeit.

Sie setzte sich der ältesten Tochter auf die Schulter und flüsterte ihr einen geheimen Zauberspruch ins Ohr (***geheim,*** das heißt wirklich geheim. Nur soviel kann ich verraten: Der Spruch weckt das Kräuterwesen, das in jedem Menschen steckt, und dieses Wesen bringt alle Erinnerungen an sein Kraut zurück.) Dann riß sich die Elfe noch ein goldenes Haar aus, wikkelte es um das Menschenohr und versprühte ein bißchen Thymianparfüm, das bei den Elfen gerade Mode war. (Damit die Kobolde, die im Haus ihre Späße trieben, gleich wußten, daß nun die Elfen am Werk waren!)

Als die Tochter am nächsten Morgen aufwachte, schnupperte sie und roch den Thymian. Kitzelte sie etwas, und sie fand das goldene Haar. Rührte sich etwas, und sie erinnerte sich an eine blühende Wiese.

»Heute ist ein so schöner Tag, laßt uns auf die Wiese gehen.« Zuerst wollten die anderen nicht, meinten, davon werde man auch nicht satt. Doch dann zogen sie gemeinsam auf die Felder.

»Seht, was ich gefunden habe«, rief die Schwester bald, »ein goldenes Haar!«

»Ich auch!« riefen zwölf helle Stimmen, eine dunkle und eine aufgeregte Stimme.

»Die Sonne hat Erbarmen mit uns und hat alle Spinnweben vergoldet.« – »Dann wären wir ja reich«, rief der Vater.

»Nein, seht doch. Die goldenen Fäden hängen nur an bestimmten Blumen. Die müssen wir sammeln!«

Nun waren alle mit Begeisterung dabei! Sie liefen über die Wiese, und jeder suchte die goldenen Spinnweben, und ein jeder fand eine bei einer anderen Blume – bei ***seiner*** Blume!

Die Älteste stand vor der Königskerze und streichelte sanft die goldgelben Blüten.

Der eine Sohn, der schlechtes Blut hatte, stand vor dem Johanniskraut, die Mutter vor dem bittersüßen Nachtschatten. Der Vater hatte sich trotz seiner Leibschmerzen bis zum Kümmel geschleppt. Die, die immer über Halsweh klagte, kauerte vor dem Liebstöckel und spielte

mit den gelben Blütenkelchen. Der, der das wenige nie essen wollte, hatte die Weinraute gefunden – jeder stand vor seiner Blume und jeder pflückte sie und nahm sie mit nach Hause.
Die fünfzehn Kräuter wurden zu einem Büschel gebunden, die Königskerze in der Mitte, und dann an den besten Platz im Haus gehängt.
Von diesem Tag an war das Unglück aus dem Haus verschwunden. Und die Sonne klopfte mit ihrem Strahlenfinger der Elfe auf die Flügel und war sehr zufrieden mit ihrer Leistung!

(Ich habe noch etwas gehört: Der Mond soll, was selten passiert, die Elfe gebeten haben, dem Vater eine Vogelmiere hinters Ohr zu legen, damit er sich daran erinnert, wie er mit ihm, dem Mond, umzugehen habe …)

Die Königskerze

nennt man auch Fackelblume (wegen ihrer leuchtenden Farbe), Feldkerze oder Wollblume (wegen der filzigen Blätter und haarigen Blüten).

Die Königskerze wächst wild auf Feldern und bevorzugt feuchten Boden.

Verwendet werden die Blüten, die im August am schönsten blühen.

Der Geschmack ist neutral, der Duft aromatisch.

Die Königskerze ist heute fast nur noch Zierblume. Aus den Blüten kocht man einen Tee, der eine herrlich goldgelbe Farbe bekommt und ein altbewährtes Hustenmittel ... sein soll. Auch bei Stockschnupfen hilft's: Man muß den Tee kräftig durch die Nase hochziehen – Prost!

Zu guter Letzt: ist der Mond ganz einfach ein wunderschöner Anblick, egal ob als dicker Ballon oder als sicheliges Licht am Nachthimmel!

Vorankündigung

Ich weiß auch nicht warum, aber die Baldrianfee und der Pfefferminzboskabauter vertragen sich einfach nicht. So war es unmöglich, sie gemeinsam in einem Buch unterzubringen – das hätte nichts als Streit gegeben und hätte womöglich deine Leseruhe gestört.

Pfefferminz, Salbei & Co. werden also ihr eigenes Buch bekommen. Gut.

Ab Herbst 1989 werden achtzehn weitere Kräuter, vom Löwenzahn bis zum Ysop, die Buchhandlungen zum Duften und DIR (hoffentlich) Freude bringen...